Inhalt

Naturwissenschaften verstehen & anwenden ...

... zu können ist als Kompetenz zu Beginn des dritten Jahrtausends dringend gefragt. Im letzten Jahrhundert haben Naturwissenschaften und Technik zu radikalen Veränderungen geführt – z. B. durch neue Werkstoffe, die mittels neuer Produktionstechniken hergestellt werden, und durch die modernen Informationstechnologien. Heute erfordern immer mehr Berufe eine solide naturwissenschaftliche Grundbildung. Aber auch wer „nur" an den Diskussionen um Medizin- und Gentechnik, Energienutzung und Treibhauseffekt, Umweltbelastung und Nachhaltigkeit teilnehmen will, muss zumindest die Sprache der Naturwissenschaften verstehen und sich damit auseinandersetzen, durch welche besondere „Brille" Naturwissenschaftler die Welt betrachten.
In der Lernbox haben wir eine Fülle von Beispielen zusammengetragen. An jedem einzelnen Beispiel soll eine Besonderheit der naturwissenschaftlichen Sichtweise auf die Welt erkennbar werden. Meistens stehen dabei Methoden im Vordergrund, also die Art und Weise, wie Phänomene und Gegenstände beschrieben, vermessen, geordnet und interpretiert werden. Es ist kein Zufall, dass wir für die Lernbox häufig in die Geschichte der Naturwissenschaften geschaut haben. Viele historisch bedeutsame Beispiele sind nämlich besser (be)greifbar als aktuelle Fragestellungen.
In der konkreten Herangehensweise der naturwissenschaftlichen Fächer gibt es natürlich Unterschiede, ihre Methoden unterscheiden sich jedoch nur in technischen Details – weil sie Verschiedenes untersuchen. Die Beispiele und Aufgaben der Lernbox betonen die gemeinsamen methodischen Grundlagen, ohne die Unterschiede zu verwischen. Die gewählten Beispiele sind mehr oder weniger gleichmäßig über die Biologie, Physik und Chemie verteilt.

Die Lernbox gliedert sich in acht Kapitel, die jeweils einen wichtigen Aspekt naturwissenschaftlichen Arbeitens betreffen:

- Im ersten Kapitel werden Informationsquellen und Wege der Verbreitung naturwissenschaftlicher Forschungsergebnisse kritisch betrachtet.
- Im zweiten Kapitel stehen das Ordnen und Klassifizieren als Grundlage für die naturwissenschaftliche Systematik, ihre Begriffe und ihre Sprache im Mittelpunkt.
- Das dritte Kapitel setzt sich mit dem Messen als einer grundlegenden Tätigkeit der Naturwissenschaften auseinander. Darüber hinaus geht es um die Eignung von Messwerkzeugen und die Definition von Größen, die es ermöglichen, Ergebnisse eindeutig miteinander zu vergleichen.
- Das vierte Kapitel stellt vor, wie die Naturwissenschaften dazu beitragen, die begrenzte menschliche Sinneswahrnehmung zu erweitern – bis in den Mikro- und Makrokosmos und in den Bereich des „Unsichtbaren".
- Das im fünften Kapitel besprochene Experimentieren ist eine weitere zentrale Vorgehensweise der Naturwissenschaften; nicht zufällig werden sie auch als experimentelle Wissenschaften bezeichnet.

- So wie sich Experimente in der Regel auf Hypothesen beziehen, finden auch Auswertung und Interpretation der experimentellen Ergebnisse nicht ohne Voraussetzungen statt (Kapitel 6).
- Das siebte Kapitel stellt dar, wie aus Beobachtungen, experimentellen Ergebnissen und Ideen schließlich Regeln, Gesetze und Theorien werden.
- Das abschließende achte Kapitel zeigt auf, welchen Nutzen es hat, Phänomene und Objekte im Zusammenhang eines Systems zu verstehen.

Die Beispiele der Lernbox werden an vielen Stellen durch Fragen und Aufgaben begleitet, die allerdings in den wenigsten Fällen mit einem Satz oder einem zahlenmäßigen Ergebnis zu beantworten sind. Auch ist es kein Zufall, dass die Lernbox weitgehend ohne Formeln auskommt. Formeln sind – egal ob man die Entwicklung der Naturwissenschaften oder Lernvorgänge betrachtet – immer nur das Ende eines Prozesses, in dem sich Verstehen entwickelt. Hat man einen Sachverhalt erst einmal „verstanden", dann ist die Anwendung einer Formel auf einen konkreten Fall in der Regel das kleinere Problem.
Gesagt sei zuletzt, dass die angeführten Experimente nicht primär zum Nachmachen gedacht sind; vielmehr sollen sie zum Nachdenken darüber anregen, was eigentlich und was genau getan wird, wenn man die Welt durch die Brille der Naturwissenschaften betrachtet und mit ihren Methoden manipuliert.

Lutz Stäudel

In der Lernbox finden sich:

→ Kästen mit dem Symbol ↗ – Diese Beispiele erläutern ein bestimmtes Prinzip, ein Problem oder eine Sichtweise.

→ Kästen mit dem Symbol A – Diese Beispiele sind mit Fragen und Aufgaben versehen. Sie geben die Möglichkeit, ein erlerntes Prinzip anzuwenden oder es selbstständig zu erarbeiten.

→ Kästen mit dem Symbol ! – Hier wird alles Wichtige aus einem Kapitel noch einmal zusammengefasst.

Informationen und Wissensstrukturen

Seit Menschen versuchen, ihre Umwelt zu beschreiben und zu erklären, wurden die gewonnenen Erfahrungen, Ergebnisse und Erkenntnisse an die nachfolgenden Generationen weitergegeben. Zuerst geschah die Übermittlung mündlich, später durch Schriftrollen und Bücher, inzwischen auch über das Internet. Im Lauf der Zeit sammelten sich immer größere Wissensbestände an.

Taucht ein Problem oder eine Frage auf, ist es sinnvoll, als Erstes vorhandene Informationsmöglichkeiten auszuschöpfen. Man darf aber nicht glauben, dass man auf jede Frage eine eindeutige Antwort erhält. Es kommt auf die Art der Quellen an, die man befragt, und auch darauf, wie man seine Frage formuliert.

Tatsächlich kann das Interesse an Informationen über ein und dieselbe Sache höchst unterschiedlich sein. Ein Beispiel: Der Käufer eines Computers möchte die Möglichkeiten, die ein bestimmtes Modell bietet, mit anderen Angeboten vergleichen. Er möchte wissen, was das Modell kostet, wie der Service aussieht und wie lange Garantie gewährt wird. Der Händler ist dagegen in erster Linie daran interessiert, welche Gewinnspanne mit dem Verkauf für ihn verbunden ist, welchen Service er gegenüber dem Kunden leisten muss und welche besonderen Verkaufsargumente er im Verkaufsgespräch nutzen könnte. Den Elektroniker beim Kundendienst interessieren Schaltpläne, Ersatzteile, Bestellnummern und Zeitvorgaben für eine etwaige Reparatur. Man sieht, dass es für ein und dasselbe Gerät sehr verschiedene Informationszusammenstellungen geben muss: Werbeprospekte, Händlerinformationen und technische Datenblätter.

Ganz ähnlich sieht es für die (Natur-)Wissenschaften aus. Ein Wissenschaftler, der sich über neue Erkenntnisse in seinem Fachgebiet informieren möchte, sucht eine andere Art von Information als ein Abgeordneter, der eine Anfrage im Bundestag vorbereitet, oder ein interessierter Laie, der seine Zeitung liest. Es gibt also gute Gründe, die Antworten, die man auf eine bestimmte Frage erhält, kritisch zu prüfen. Eine solche Prüfung ist nicht zuletzt angebracht, weil sich die Informationen verändern, da dabei – absichtlich oder unabsichtlich – eine Bearbeitung durch den Weitergebenden erfolgt. Der Redakteur einer Tageszeitung hat z. B. eine bestimmte Vorstellung von den naturwissenschaftlichen Vorkenntnissen seiner Leser. Er wird versuchen, einen technischen, medizinischen oder naturwissenschaftlichen Sachverhalt so darzulegen, dass ihn die Zielgruppe seiner Meinung nach verstehen kann. In der Regel wird er ihn möglichst einfach präsentieren. Welche (Detail-)Informationen er den Lesern dabei vorenthält, ist seine persönliche Entscheidung. Manchmal hat es allerdings den Anschein, dass sich der Verfasser eines Textes kaum Mühe gibt, wissenschaftliche Informationen für die Allgemeinheit aufzubereiten, z. B. bei Beipackzetteln von Arzneimitteln.

Gliederungsprinzipien

Damit neue Erkenntnisse überhaupt an die Öffentlichkeit gelangen, müssen sie bekannt gemacht, d. h. veröffentlicht werden. Ein Beispiel für eine bahnbrechende naturwissenschaftliche Veröffentlichung ist der Artikel des amerikanischen Biochemikers James Watson und des englischen Physikers Francis Crick, in dem die beiden Autoren die Doppelhelix als Strukturmodell für die zelluläre Desoxyribonucleinsäure (DNS beschrieben. Ihr Beitrag erschien am 25. April 1953 in der englischsprachigen Wissenschaftszeitschrift „Nature".

Mit Watsons und Cricks Modell eines leiterartigen geschraubten Bandes („Doppelhelix") wurde die Grundlage für die moderne Genetik und Gentechnik gelegt. Vor Watson und Crick wusste man zwar, dass die Desoxyribonucleinsäure Trägerin der genetischen Informationen ist, man kannte auch ihre chemischen Bestandteile – u. a. die vier Aminosäuren Adenin, Guanin, Cytosin und Thymin –, über den Aufbau und die Struktur der DNA herrschte aber noch Unklarheit. Erst mit dem Modell der doppelt gewundenen Helix konnten dann Vorstellungen zur Verdopplung der DNS bei der Zellteilung entwickelt werden und auch darüber, wie die genetischen Informationen in den Zellen umgesetzt werden.

Die Originalarbeit von Watson und Crick (s. S. 8) ist nicht nur wegen ihres Inhalts, für den die Autoren 1962 mit dem Nobelpreis ausgezeichnet wurden, bemerkenswert. Sie ist zugleich ein Beispiel für eine gut strukturierte wissenschaftliche Veröffentlichung, die den Leser in die Lage versetzt, die Gedankengänge der Autoren nachzuvollziehen und – soweit irgend möglich – die Grundlagen ihrer Arbeit zu überprüfen.

Die übliche Gliederung für die Veröffentlichung einer wissenschaftlichen Arbeit (s. S. 10) gilt im Großen und Ganzen für jede schriftliche Darlegung von Untersuchungsergebnissen – also auch für Versuchsprotokolle und Facharbeiten bis hin zur Diplomarbeit.

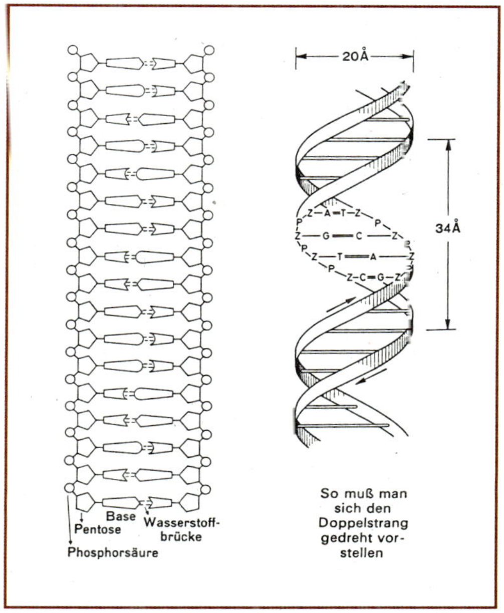

1965: Erste Darstellung der DNS-Doppelhelix in einem Schulbuch

Am Beispiel von Watsons und Cricks Doppelhelix als Modell für die Raumstruktur der Desoxyribonucleinsäure lässt sich beobachten, wie lange es dauert, bis eine Information vom wissenschaftlichen Insiderwissen zum Allgemeingut wird.

Bis die Darstellung der Doppelhelix in einem Schulbuch auftauchte, vergingen mehr als 10 Jahre. In der Zwischenzeit sorgte u.a. ein Taschenbuch für die Verbreitung der Information. Darin veröffentlichte Watson seinen persönlichen Bericht über die Klärung der DNS-Struktur und das Rennen um den Nobelpreis (J. D. Watson: Die Doppelhelix. Reinbek 1969; englische Erstveröffentlichung: The Double Helix, New York 1968).

Ausdruck der weiteren Popularisierung des Themas um 1980 sind Comicdarstellungen wie der bei rororo erschienene Sachcomic „Genetik für Anfänger". Inzwischen steht die Doppelhelix als Symbol für die moderne Genetik schlechthin. Allerdings bedeutet das nicht, dass allen, die die Helix-Darstellung verwenden, auch der wissenschaftliche Hintergrund dieses Symbols klar ist.

Genetik im Comic: Die Doppelhelix wird populär

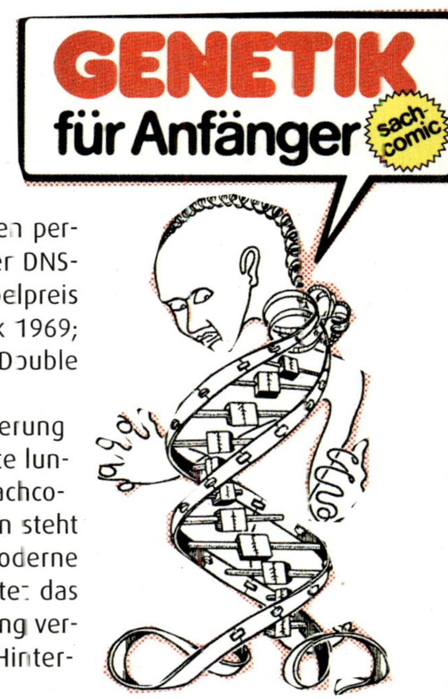

In der **Einleitung** wird dem Leser dargelegt, was Gegenstand der Untersuchung war und welches Ziel damit verfolgt wurde.

(Reprinted from Nature, Vol. 171, *p.* 737, *April* 25, 1953)

MOLECULAR STRUCTURE OF NUCLEIC ACIDS

A Structure for Deoxyribose Nucleic Acid

WE wish to suggest a structure for the salt of deoxyribose nucleic acid (D.N.A.). This structure has novel features which are of considerable biological interest.

A structure for nucleic acid has already been proposed by Pauling and Corey[1]. They kindly made their manuscript available to us in advance of publication. Their model consists of three intertwined chains, with the phosphates near the fibre axis, and the bases on the outside. In our opinion, this structure is unsatisfactory for two reasons: (1) We believe that the material which gives the X-ray diagrams is the salt, not the free acid. Without the acidic hydrogen atoms it is not clear what forces would hold the structure together, especially as the negatively charged phosphates near the axis will repel each other. (2) Some of the van der Waals distances appear to be too small.

Another three-chain structure has also been suggested by Fraser (in the press). In his model the phosphates are on the outside and the bases on the inside, linked together by hydrogen bonds. This structure as described is rather ill-defined, and for this reason we shall not comment on it.

We wish to put forward a radically different structure for the salt of deoxyribose nucleic acid. This structure has two helical chains each coiled round the same axis (see diagram). We have made the usual chemical assumptions, namely, that each chain consists of phosphate di-ester groups joining β-D-deoxyribofuranose residues with 3′,5′ linkages. The two chains (but not their bases) are related by a dyad perpendicular to the fibre axis. Both chains follow right-handed helices, but owing to the dyad the sequences of the atoms in the two chains run in opposite directions. Each chain loosely resembles Furberg's[2] model No. 1; that is, the bases are on the inside of the helix and the phosphates on the outside. The configuration of the sugar and the atoms near it is close to Furberg's 'standard configuration', the sugar being roughly perpendicular to the attached base. There is a residue on each chain every 3·4 A. in the *z*-direction. We have assumed an angle of 36° between adjacent residues in the same chain, so that the structure repeats after 10 residues on each chain, that is, after 34 A. The distance of a phosphorus atom from the fibre axis is 10 A. As the phosphates are on the outside, cations have easy access to them.

The structure is an open one, and its water content is rather high. At lower water contents we would expect the bases to tilt so that the structure could become more compact.

The novel feature of the structure is the manner in which the two chains are held together by the purine and pyrimidine bases. The planes of the bases are perpendicular to the fibre axis. They are joined together in pairs, a single base from one chain being hydrogen-bonded to a single base from the other chain, so that the two lie side by side with identical *z*-co-ordinates. One of the pair must be a purine and the other a pyrimidine for bonding to occur. The hydrogen bonds are made as follows: purine position 1 to pyrimidine position 1; purine position 6 to pyrimidine position 6.

An mehreren Stellen der Arbeit werden die **wissenschaftlichen Vorarbeiten** anderer Autoren genannt, auf die die Verfasser aufgebaut haben.

Die Autoren **beschreiben** im weiteren ausführlich **ihr Modell** der Doppelhelix.

In diesem Artikel postulieren der Biochemiker James Watson und der Physiker Francis Crick ein Strukturmodell für die Desoxyribonucleinsäure (DNS). Der 1953 in der Zeitschrift „Nature" erschienene Beitrag legte nicht nur den Grundstein für die moderne Genetik und Gentechnik, er ist auch ein gutes Beispiel für eine sinnvoll und verständlich aufgebaute wissenschaftliche Veröffentlichung.

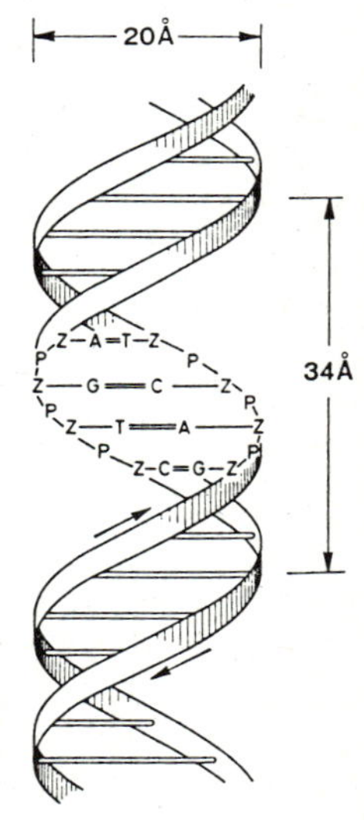

If it is assumed that the bases only occur in the structure in the most plausible tautomeric forms (that is, with the keto rather than the enol configurations) it is found that only specific pairs of bases can bond together. These pairs are: adenine (purine) with thymine (pyrimidine), and guanine (purine) with cytosine (pyrimidine).

In other words, if an adenine forms one member of a pair, on either chain, then on these assumptions the other member must be thymine; similarly for guanine and cytosine. The sequence of bases on a single chain does not appear to be restricted in any way. However, if only specific pairs of bases can be formed, it follows that if the sequence of bases on one chain is given, then the sequence on the other chain is automatically determined.

It has been found experimentally[3,4] that the ratio of the amounts of adenine to thymine, and the ratio of guanine to cytosine, are always very close to unity for deoxyribose nucleic acid.

It is probably impossible to build this structure with a ribose sugar in place of the deoxyribose, as the extra oxygen atom would make too close a van der Waals contact.

The previously published X-ray data[5,6] on deoxyribose nucleic acid are insufficient for a rigorous test of our structure. So far as we can tell, it is roughly compatible with the experimental data, but it must be regarded as unproved until it has been checked against more exact results. Some of these are given in the following communications. We were not aware of the details of the results presented there when we devised our structure, which rests mainly though not entirely on published experimental data and stereochemical arguments.

It has not escaped our notice that the specific pairing we have postulated immediately suggests a possible copying mechanism for the genetic material.

Full details of the structure, including the conditions assumed in building it, together with a set of co-ordinates for the atoms, will be published elsewhere.

We are much indebted to Dr. Jerry Donohue for constant advice and criticism, especially on interatomic distances. We have also been stimulated by a knowledge of the general nature of the unpublished experimental results and ideas of Dr. M. H. F. Wilkins, Dr. R. E. Franklin and their co-workers at King's College, London. One of us (J. D. W.) has been aided by a fellowship from the National Foundation for Infantile Paralysis.

J. D. WATSON
F. H. C. CRICK

Medical Research Council Unit for the Study of the Molecular Structure of Biological Systems,
Cavendish Laboratory, Cambridge.
April 2.
1953

[1] Pauling, L., and Corey, R. B., *Nature*, **171**, 346 (1953); *Proc. U.S. Nat. Acad. Sci.*, **39**, 84 (1953).
[2] Furberg, S., *Acta Chem. Scand.*, **6**, 634 (1952).
[3] Chargaff, E., for references see Zamenhof, S., Brawerman, G., and Chargaff, E., *Biochim. et Biophys. Acta*, **9**, 402 (1952).
[4] Wyatt, G. R., *J. Gen. Physiol.*, **36**, 201 (1952).
[5] Astbury, W. T., Symp. Soc. Exp. Biol. 1, Nucleic Acid, 66 (Camb. Univ. Press, 1947).
[6] Wilkins, M. H. F., and Randall, J. T., *Biochim. et Biophys. Acta*, **10**, 192 (1953).

Sie **belegen ihre Vorstellungen** mit Hinweisen auf Analysenergebnisse und Reaktionsverhalten.

Sie **unterscheiden** deutlich **zwischen** als gesichert geltenden **Erkenntnissen** und **Vermutungen** oder Hypothesen.

Anschließend eröffnen Watson und Crick die Diskussion um die **Bedeutung** des vorgeschlagenen Modells **für die weitere Erforschung** der Erbinformationen.

Schließlich führen Watson und Crick diejenigen Wissenschaftler an, mit denen sie ihre Vorstellungen diskutiert oder die sie bei ihrer Arbeit anderweitig unterstützt haben. Sie **bedanken** sich für deren Hilfe.

Wer die Artikel nachlesen möchte, auf die sich die Verfasser beziehen, findet hierzu am Ende des Beitrags **genaue Literaturangaben**. Die markierte Angabe verweist z. B. auf einen Artikel von L. Pauling und R. B. Corey in der Zeitschrift Nature, 171. Jahrgang, Seite 346, der 1953 erschienen ist.

Gliederung einer naturwissenschaftlichen Arbeit

- Der **Titel** sollte möglichst treffend das Thema der Arbeit umreißen.

- Darunter oder darüber gehören die Namen der beteiligten **Autoren**. Bei Veröffentlichungen in Fachzeitschriften erkennen Insider an der Reihenfolge der Namensnennung, wer in welcher Weise an der Entstehung beteiligt war: Derjenige, der die praktische Arbeit durchgeführt oder die Auswertung geleistet hat, steht in der Regel vorne. Weiter hinten finden sich Mithelfer, Ideen- und Geldgeber, die durch die Nennung ihrer Namen besonders gewürdigt werden sollen. Oft werden die Autoren aber auch einfach alphabetisch aufgeführt.

- Unter dem Titel und der Autorenliste findet sich in der Regel eine **kurze Zusammenfassung**, auch **Abstract** genannt. Anhand dieser Inhaltsangabe kann der Leser entscheiden, ob der Artikel wohl die von ihm gesuchte Information enthält, d. h. ob es sich für ihn lohnt, die gesamte Veröffentlichung durchzuarbeiten.

- Der Hauptteil der Veröffentlichung beginnt mit der **Einleitung**. Hier wird dargelegt, warum die Untersuchung durchgeführt wurde und welche allgemeine Bedeutung sie hat. Außerdem werden die Hypothesen entwickelt, die mit der durchgeführten Untersuchung geprüft werden sollten. Die Einleitung wird in der Regel im Präsens formuliert.

- Als nächstes folgt das Kapitel **Material und Methoden**. Hier wird relativ akribisch festgehalten, wie die Untersuchung durchgeführt wurde: Welche Materialien oder Versuchsorganismen wurden verwendet? Wie sah der Versuchsaufbau aus? Welche Bedingungen (z. B. Temperatur) sind zu berücksichtigen?
  Das Kapitel Material und Methoden wird im Perfekt bzw. Präteritum formuliert.

- Im Kapitel **Ergebnisse** werden die gewonnenen Untersuchungsergebnisse beschrieben – zunächst möglichst neutral ohne Wertung. Bei größeren Datenmengen sollte man zur besseren Übersicht Tabellen und Diagramme erstellen und in den Text einfügen. Der Ergebnisteil wird wie Material und Methoden in der Vergangenheit geschrieben.

- Jede wissenschaftliche Veröffentlichung schließt mit einer **Diskussion** ab. In diesem letzten Kapitel werden die gewonnenen Ergebnisse interpretiert und bewertet. Wenn möglich, sollte man sie auch mit ähnlichen Untersuchungsergebnissen anderer Autoren vergleichen. Die Diskussion steht wieder im Präsens.

- Alle in der Einleitung, im Methodenteil oder in der Diskussion zitierten Veröffentlichungen anderer Autoren werden abschließend im **Literaturverzeichnis** aufgeführt. Hier ist es besonders wichtig, einheitlich zu zitieren, also z. B. Autorenname, Titel des Zeitschriftenartikels, Name, Jahrgang und ggf. Ausgabennummer der Zeitschrift, Erscheinungsjahr sowie Seitenzahlen.

Ein guter (natur-) wissenschaftlicher Artikel zeichnet sich dadurch aus,

- **dass er seine Absicht und das Ziel der Forschungen nennt,**
- **dass Gedankengänge systematisch entwickelt und, wenn möglich, durch Fakten belegt werden,**
- **dass Vorarbeiten aufgeführt und im Literaturverzeichnis genau genannt werden.**

A Gut gegliedert?

Eine naturwissenschaftliche Veröffentlichung gliedert sich üblicherweise in:

- Einleitung,
- Material und Methoden,
- Ergebnisse und
- Diskussion.

Lassen sich diese Teile auch in Kurzberichten aus der Wissenschaft wiedererkennen? Wo gibt es Abweichungen?

Chemie in unserer Zeit, Nr. 3, 36. Jahrg., 2002, S. 195

Abgasfilterung mit Pilzen

Bei der Abwasserklärung oder auch der Behandlung von Ölteppichen nach Tankschiffunglücken sind Mikroorganismen mittlerweile unentbehrlich. Seit einiger Zeit gibt es Versuche, sie auch in Form von Biofiltern für die Entsorgung flüchtiger organischer Verbindungen zu verwenden [1]. Solche Filter bestehen aus siebartigen Keramikplatten. Ihre Poren sind mit einem gelatinösen Kulturmedium gefüllt, auf dem die Bakterien oder Pilze rasenförmig wachsen. Werden Abgase durch einen Biofilter geleitet, so treten die in ihnen vorhandenen belastenden Substanzen (Kontaminanten) in das Medium über. Auf diese Weise können die Mikroorganismen sie für ihre Ernährung nutzen und somit zu Zellmasse, CO_2, H_2O und anderen unschädlichen Substanzen abbauen.
Die bislang entwickelten Filter sind meistens mit Bakterien bestückt. Allerdings reagieren Bakterien im Unterschied zu Pilzen oft sehr empfindlich auf Austrocknung und pH-Schwankungen. Daher hat man jetzt bei mehreren Pilzarten untersucht, inwieweit sie flüchtige organische Substanzen abbauen können [2]. Unter den getesteten Verbindungen, die häufig in Industrie-Emissionen auftreten, befanden sich aromatische Kohlenwasserstoffe sowie organische Säuren.
Die experimentellen Bedingungen wurden ähnlich wie in einem Biofilter gestaltet. Sowohl der Schimmelpilz *Cladosporium sphaerospermum* als auch die Hefe *Exophiala lecanii-corni* waren in der Lage, alle neun Testsubstanzen als alleinige Kohlenstoffquelle zu verwerten und ohne Zufuhr einer anderen organischen Verbindung zu wachsen. Die stärkste Biomassenzunahme erfolgte zwar in den meisten Fällen bei pH 5,0, aber auch bei höheren (pH 6,5) und niedrigeren (pH 3,5) Werten vermehrten sich die Pilzzellen deutlich.
Ihr breites Nährstoffspektrum und die große pH-Toleranz machen *C. sphaerospermum* und *E. lecanii-corni* zu aussichtsreichen Kandidaten für den Einsatz in Biofiltern. Mit Pilzen arbeitende biologische Techniken könnten in Zukunft somit durchaus kostengünstige Alternativen in vielen Bereichen der Abgasreinigung liefern.

[1] S. Devinny et al.: „Biofiltration for air pollution control" Lewis, Boca Raton, USA, 1999.
[2] B. Qi et al.: „Biogradation of volatile organic compounds by five fungal species" *Appl. Microbio. Biotechnol.* 2002, 58, 684–689.

Petra Jacoby, Wittlich

Informationsquellen

Es gibt eine Vielzahl von Informationswegen, die sich an verschiedene Zielgruppen wenden. Naturwissenschaftliche Originalartikel in **fachwissenschaftlichen Zeitschriften** sind in der Regel für den gebildeten Laien kaum interessant. Hauptaufgabe solcher Veröffentlichungen ist die Bekanntmachung von Forschungsergebnissen, die damit der Fachwelt zur Diskussion gestellt werden. Solche Fachtexte sind wegen ihrer Komplexität, der ausgeprägten Spezialisierung und der Verwendung einer spezifischen Fachsprache häufig schwer verständlich. Auch behandeln sie in der Regel sehr spezielle Einzelfragen, die oft nur für andere Wissenschaftler bedeutsam sind, die an ähnlichen Fragestellungen arbeiten.

Für viele ist die „Unverständlichkeit“ wissenschaftlicher Texte eine hinzunehmende Tatsache, andere sehen darin eine Abschottung der Wissenschaftler gegenüber der Allgemeinheit. Viele Wissenschaftler haben aber durchaus ein Interesse daran, ihre Ergebnisse und Forschungsziele wenigstens im Ansatz einer breiteren Öffentlichkeit zu vermitteln – und das nicht nur, weil ihre Forschung in großem Umfang durch öffentliche Mittel finanziert wird. In allgemeinen **naturwissenschaftlichen Zeitschriften** wie den englischsprachigen Ausgaben von „Nature" und „Science“ werden Fachaufsätze publiziert, die neueste Forschungsergebnisse von fachübergreifender Bedeutung präsentieren. Dass sich diese Zeitschriften in gewissem Umfang um Allgemeinverständlichkeit bemühen, wird daran deutlich, dass die Zusammenfassungen der Artikel weder Zahlen noch Abkürzungen enthalten dürfen und sich an wissenschaftlich vorgebildete Leser ohne Spezialkenntnisse richten sollen.

Auch „Spektrum der Wissenschaft“, die deutsche Ausgabe des „Scientific American“, und die Zeitschrift „bild der wissenschaft“ versuchen, Aktuelles aus dem breiten Spektrum der Naturwissenschaften wiederzugeben. Beide Zeitschriften setzen sich auch mit gesellschaftlich relevanten Fragen im Zusammenhang mit wissenschaftlichen Ergebnissen auseinander, z. B. ob es ethisch vertretbar ist, Impfstoffe über Lebensmittel zu verbreiten. In beiden Publikationsreihen gibt es Leitartikel, die jeweils einen Überblick über ein bestimmtes Forschungsgebiet geben oder die Entwicklungen einer speziellen Forschungsfrage oder -methode schildern. Das Textverständnis wird durch anschauliche Illustrationen und Diagramme unterstützt. Häufig erläutert ein Glossar zentrale Fachbegriffe. Hinweise auf weiterführende Literatur ermöglichen im Bedarfsfall eine Vertiefung.

Interessensgruppen geben vielfach **Informationsmagazine** heraus. Die Reihe „Research“

Die Deutsche Forschungsgemeinschaft hat unter http://www.dfg.de/linkliste/publik.html zusammengestellt, welche Naturwissenschaftsmagazine online zu erreichen sind.

der Bayer AG ist ein Beispiel für die Publikation eines Wirtschaftsunternehmens, das seine Forschungsarbeit und die daraus resultierenden Produkte einer interessierten Öffentlichkeit präsentieren möchte.

Als Forschungseinrichtung stellt die Max-Planck-Gesellschaft unter dem Titel „BIOMAX" Informationsblätter für Lehrer und Schüler der Oberstufe zusammen, die über aktuelle Forschungsthemen im Bereich der Biologie und Medizin informieren. Die neuesten Ergebnisse aus der technologieorientierten Forschung präsentiert das „Magazin" der Fraunhofer Gesellschaft.

An ein weniger wissenschaftlich vorgebildetes Publikum wenden sich **populärwissenschaftliche Zeitschriften** wie „GEO", „GEO-Wissen", „P.M.", „Natur und Kosmos" oder „National Geographic". Hier stehen das Bildmaterial und lesefreundliche Texte im Vordergrund, ohne dass auf die wissenschaftliche Exaktheit verzichtet wird. In den Artikeln dieser Zeitschriften geht es häufig um gesellschaftliche und politische Aspekte naturwissenschaftlicher Forschung.

Die Wissenschaftsredaktionen der **regionalen und überregionalen Tageszeitungen** und Wochenmagazine wenden sich an interessierte Laien. Kommentare, Glossen und Cartoons demonstrieren hier häufig, welche Haltung die Autoren einem gesellschaftlich diskutierten naturwissenschaftlichen Problem gegenüber einnehmen.

Während die Ergebnisse der naturwissenschaftlichen Grundlagenforschung nur gelegentlich breiter diskutiert werden, machen wissenschaftliche Untersuchungen, die sich mit aktuellen Problemen beschäftigen, oft Schlagzeilen. Beispiele hierfür waren und sind die Nutzung der Atomenergie, die Verstärkung des Treibhauseffekts, die Zerstörung der Ozonschicht, BSE und AIDS. Verfolgt man anhand von Presseartikeln die 1980 begonnene Diskussion um die Ursachen für und Maßnahmen gegen das Waldsterben (vgl. S. 14f), lässt sich erkennen, wie einzelne Forschungsergebnisse auf unterschiedliche Weise Schlagzeilen machen. Die Artikel zeigen,

- dass zu verschiedenen Zeiten unterschiedliche Erklärungen für das Waldsterben in Betracht gezogen wurden,
- dass manchmal umfassend informiert wird, manchmal nur mit einem einzelnen Forschungsergebnis argumentiert wird,
- dass die Antworten offensichtlich davon abhängen, welche Fragen man stellt, dass also Interessen die Ausrichtung von Forschung und die Information über die Ergebnisse mitbestimmen,
- dass man kaum erwarten kann, aus einer einzigen Quelle umfassend informiert zu werden.

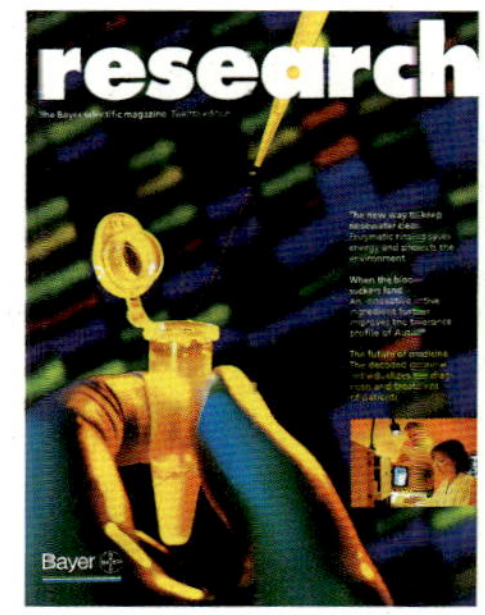

A Informationen strukturieren

Um einen Überblick über eine Textsammlung zu gewinnen, sollte man für jeden Artikel tabellarisch wichtige Informationen festhalten. Bei den folgenden Texte zum Thema Waldsterben sind das z. B.:

- die Quelle der Information, falls bekannt die Autoren;
- das Datum der Veröffentlichung;
- die im Artikel angeführte (Haupt-)Ursache(n) für das Waldsterben;
- daraus abgeleitete Maßnahmen bzw. Kosten;
- Begründung durch Forschungsergebnisse / ausdrücklich zitierte Quellen;
- eine Bewertung des Schreibstils (polemisch / sachlich / ...)
- falls erkennbar, das Eigeninteresse vom Autor bzw. Herausgeber.

Versuche, die Informationssammlung nach den genannten Kriterien zu ordnen und grob zu bewerten, auch wenn du den jeweiligen „Wahrheitsgehalt" bzw. die Argumentation des Verfassers nicht in jedem Fall bis zu den wissenschaftlichen Grundlagen zurückverfolgen kannst.

Die Saure Quittung

[...] Im Laufe des Jahres 1981 häuften sich Berichte und Beobachtungen über Schäden an Nadel- und Laubbaumarten, die sich in wesentlichen Punkten von bisher bekannten Schäden unterscheiden. Übereinstimmend wird die Hauptursache der Krankheit auf die Belastung unserer Luft mit Schadstoffen und deren Auswirkungen auf die Pflanzen zurückgeführt. [...]

Am stärksten aber nahm die Verschmutzung der Luft nach dem 2. Weltkrieg zu. Wachsender Konsum und Wohlstand gingen mit einem steilen Anstieg des Energiebedarfs und -verbrauchs einher. Immer mehr Industrien, Chemiebetriebe, Raffinerien, Müllverbrennungs- und Großfeuerungsanlagen entstanden. Gleichzeitig setzte eine von Jahr zu Jahr stärker werdende Motorisierungswelle ein. Als in den Nahbereichen von großen Industrien und Kraftwerken, wie z. B. im Ruhrgebiet, größere Waldgebiete erkrankten, schritten die zuständigen Aufsichtsbehörden ein und versuchten, durch zusätzliche Vorschriften Abhilfe zu schaffen. Damals wurden zunächst Staubfilteranlagen eingebaut und die Abgaskamine in immer größere Höhen aufgezogen. Diese Maßnahmen hatten zweifellos in den Ballungsgebieten zu einer gewissen Entlastung geführt. Heute muss man aber erkennen, dass damit die Probleme keinesfalls gelöst, sondern nur verlagert wurden: Durch die hohen Schornsteine werden die Abgase lediglich in Gebiete außerhalb der Ballungszentren verfrachtet, die Schadstoffe verstärkt auf waldreiche Regionen verteilt.
Hauptquellen der heute feststellbaren Luftverschmutzung sind die Kraftwerke und Heizkraftwerke, die fossile Brennstoffe (Kohle, Öl, Gas) verfeuern, sowie die Abgase aus dem Verkehr, den Haushalten und sonstigem Gewerbe. [...]

Das Papiermagazin Nr. 7, 1983. Sondernummer Waldsterben.
Herausgegeben von der Haindl Papier GmbH Augsburg

Wenn Tannen reden könnten – Die ungeklärte Komplexkrankheit

Seit Monaten wird über sauren Regen so geschrieben, als stünde fest, dass allein er das Absterben der Tannen verursacht. Ebenso schnell ist man dann in solchen Berichten mit der Behauptung zur Hand, Schuld an dieser Entwicklung trügen vor allem die Rauchgase der Steinkohlenkraftwerke, weil sie zu viel Schwefeldioxid enthielten. Inzwischen wissen wir, dass die Ursachen des Tannen- oder Fichtensterbens viel komplizierter sind. [...]
Stattdessen sind die Baumschäden eine Folge des Zusammenwirkens mehrerer so genannter „Stressfaktoren". Hierzu zählen:

- Waldbauliche Fehler, also zu enger Baumabstand und Monokultur.
- Langjähriges Niederschlagsdefizit.
- Falscher Standort (mineralisch ungeeignete Böden, aber auch „Vernassung" wegen zu hohen Grundwasserstandes).
- Luftverunreinigung durch Gase.
- Und als weiterer Stressfaktor kommt noch der „saure Regen" hinzu. [...]

Sachverhalte Nr. 6, 1982 (8. Jahrgang), S. 1–2.
Herausgegeben von der Informationszentrale der Elektrizitätswirtschaft e V. (IZE)

Die Technik der Umwelt anpassen – Bundesimmissionsschutzgesetz und TA-Luft genügen nicht

Bei der Verbrennung von Kohle, Heizöl und Dieselkraftstoff entstehen Schadstoffe: Schwefeldioxid (SO_2) und Stickoxide (NO_x). Als so genannte Emissionen gelangen sie über Schornsteine und Auspuffrohre in die Luft. Dort verbinden sie sich mit Sauerstoff und Wasser zu Schwefel- und Salpetersäure. Diese Säuren schlagen sich dann im Regenwasser nieder: Der saure Regen fällt.
Obwohl die Emissionen nahezu gleich bleiben, nehmen die Waldschäden heute rapide zu. Wahrscheinlich deshalb, weil die Böden erschöpft sind. Sie können die Säuren nicht mehr neutralisieren. Besonders empfindliche Böden sind zuerst erschöpft, aber auch weniger empfindliche sind inzwischen erheblich betroffen. [...]

ötv-Magazin 11, 1982, S. 9f.
Herausgegeben von der Gewerkschaft Öffentliche Dienste, Transport und Verkehr, Stuttgart

Hilfe durch die chemische Industrie

[...] Im Kampf gegen die neuartigen Waldschäden müssen wir alle erfolgversprechenden Mittel einsetzen. Zwei Wege sollten gleichzeitig beschritten werden:

- Man müsste die ausgewaschenen Pflanzennährstoffe durch gezielte Düngung ersetzen, die Versauerung der Böden durch Kalken beheben und die Forstschädlinge bekämpfen. Alle drei Maßnahmen könnten relativ schnell greifen und wären außerdem volkswirtschaftlich kostengünstig.
- Die Verminderung von Luftschadstoffen samt den von ihnen verursachten sauren Niederschlägen ist zum Schutz von Mensch, Wald und Bauwerk von großer Bedeutung. Die volkswirtschaftlichen Kosten werden sehr hoch sein. Daher sollten Prioritäten nach Umweltnutzen und Kosten gesetzt werden. Voraussetzung dafür wäre, dass die von der Bundesregierung veranlassten und diskutierten Maßnahmen in einem Gesamt-Luftreinhalteplan zusammengefasst werden. [...]

Chemie und Umwelt Wald. 1984, S. 34f.
Herausgegeben vom Verband der Chemischen Industrie e.V. (VCI), Frankfurt

Informationsdienst der Wissenschaft

Stickstoffeinträge gefährden Europas Wälder

DATUM DER MITTEILUNG:	04.09.2001
ABSENDER:	Dr. Michael Welling
EINRICHTUNG:	Senat der Bundesforschungsanstalten im Geschäftsbereich des BMVEL

Wetterextreme, Schädlinge und Luftverschmutzung richten Schaden an einem Viertel aller Baumkronen an. Vor allem die Belastung mit Stickstoff ist eine Gefahr für Europas Wälder, die die jährlichen Einträge von 14 kg pro Hektar und mehr kaum noch aufnehmen können. Und trotz der deutlichen Reduktionen der Schwefelbelastung (aktuelle Einträge von 9 kg pro Hektar) fordern frühere Einträge noch heute ihren Tribut von den untersuchten Waldböden. Beide, Stickstoff und Schwefel – aus Intensivtierhaltung, Verkehr, Verbrennung fossiler Brennstoffe und anderen Quellen – tragen zur Versauerung bei, sobald die Böden übersättigt sind. [...]
Dies sind die wichtigsten Ergebnisse des Berichtes „Waldzustand in Europa 2001", der am Institut für Weltforstwirtschaft der Bundesforschungsanstalt für Forst- und Holzwirtschaft in Hamburg zusammengestellt und gemeinsam von der Wirtschaftskommission der Vereinten Nationen für Europa (UN/ECE) und der Europäischen Kommission herausgegeben wird. Der jährliche Bericht stützt sich auf Daten aus 38 Ländern. Unter dem Programm wird der Waldzustand seit 15 Jahren überwacht. Seine über 6000 Aufnahmeflächen stellen weltweit eines der größten Biomonitoringsysteme dar. [...]
Eine gute Nachricht sind die jüngsten Untersuchungen, die eine insgesamt niedrige und unkritische Schwermetallbelastung der Waldböden und der Nadeln und Blätter zeigen.

Für weitere Informationen stehen zur Verfügung:
Thomas Haussmann, Bundesministerium für Verbraucherschutz, Ernährung und Landwirtschaft, D-53107 Bonn
Dr. M. Lorenz, Bundesforschungsanstalt für Forst-und Holzwirtschaft, Leuschnerstr. 91, 21031 Hamburg

Weitere Informationen finden Sie im WWW:
http://www.icp-forests.org
http://www.bfafh.de

Im **Internet** findet sich eine kaum mehr überschaubare Fülle von Informationen zu nahezu allen denkbaren Inhalten, Fragen oder Problemen. Im Unterschied zu gedruckten Materialien oder Texten lässt sich bei einer Website oft nur schwer entscheiden, woher eine Information stammt und wie zuverlässig eine Quelle ist. Ein wesentlicher Vorteil der Internet-Recherche gegenüber der Lektüre einer Zeitung oder Zeitschrift ist aber, dass man im Internet auch brandaktuelle Informationen findet, die in gedruckter Form noch gar nicht zur Verfügung stehen. Außerdem kann man gezielt Informationen zu einem ausgewählten Thema abfragen.

Sucht man im Internet nach den Stichwörtern „Krallenfrosch" & „Klonen", so erhält man ganz verschiedene Informationen und Bewertungen der Arbeit von John Gurdon, der Kaulquappen aus Darmwandzellen erwachsener Krallenfrösche klonte und dazu 1968 einen Artikel im „Scientific American" veröffentlichte.

- Welche Art von Informationen fördert die Internetrecherche zu Tage? Handelt es sich um Originalinformationen oder um sekundäre Quellen?
- Spielt es für die Recherche eine Rolle, welche Suchmaschine man benutzt (z.B. fireball, lycos, metager, google)?
- Inwiefern unterscheiden sich die Informationen, die unter www.quarks.de/klonen3/0104.htm, www.g-o.de/kap4/40kb0030.htm und www.zeit.de/2001/12/Wissen/200112_klon-chronik.html zu finden sind?

Auch zum Waldsterben gibt es aktuelle Informationen im Internet. Im Online-Archiv des Informationsdienstes Wissenschaft (http://idw-online.de/public/archiv.html) finden sich in der Rubrik „Ökologie" Kurzberichte aus den letzten Jahren.

Informationen suchen, finden und bewerten

Es ist es angebracht, Informationen – aus welchen Quellen auch immer – kritisch zu betrachten – auch oder gerade dann, wenn sich der eigentliche Inhalt nicht direkt überprüfen lässt. Wie man mit den Informationen umgeht, hängt von der Quelle ab:

- Bei wissenschaftlichen Originalarbeiten kann man danach fragen, ob die Ziele und Voraussetzungen der Publikation klar sind, ob wissenschaftliche Vorarbeiten genannt werden, ob die Fragestellung eindeutig formuliert ist und die Ergebnisse in größere Zusammenhänge eingeordnet werden, ob Quellen exakt angegeben werden und ob sich die Schlussfolgerungen mit den Untersuchungsergebnissen belegen lassen.
- Für Übersichtsartikel, wie man sie in populärwissenschaftlichen Zeitschriften findet, gelten ganz ähnliche Kriterien. Sie zu beurteilen ist häufig viel schwieriger, weil die zugrunde liegenden Untersuchungen oft nur andeutungsweise dargestellt werden und weil man als Laie kaum beurteilen kann, ob alle für das Problem wichtigen Forschungsergebnisse einbezogen worden sind. Trotz allem sollten auch Berichte in Zeitungen und Zeitschriften den oben genannten Qualitätsmerkmalen genügen, also Quellen angeben und Argumente belegen.
- Beim Vergleich von Informationen aus verschiedenen Quellen kann man erkennen, dass die Interessenlage des Autors oder Herausgebers oft Einfluss auf die Auswahl, Darstellung und die Schlussfolgerungen in einem Bericht haben. Darum sollte man sich stets bewusst machen, wer einen Artikel veröffentlicht hat.
- Auch als Leser von Zeitungsberichten oder Übersichtsartikeln nimmt man – oft unbewusst – eine Auswahl vor: Das, was zur eigenen Meinung passt, wird als bedeutsamer wahrgenommen als das, was dagegen spricht. Es lohnt sich also, auch sich selbst gegenüber kritisch zu sein.
- Da man Informationen über naturwissenschaftliche (Forschungs-) Ergebnisse aus sehr unterschiedlichen Quellen erhalten kann, sollte man sich vor einer Informationsrecherche fragen, mit welchem Ziel man die Suche betreibt. Für ein Referat wird man andere Informationen suchen als für ein Rollenspiel oder für einen Brief an die Gemeindeverwaltung.
- Nicht zuletzt sollte man die Forderungen, die man an fremde Informationsquellen stellt, auch selbst erfüllen: Jede benutzte Quelle muss zitiert und ihr Fundort notiert werden.

Bei Informationen aus dem Internet ist die Beurteilung der Quelle ebenso wichtig wie bei wissenschaftlichen und populärwissenschaftlichen Informationen in Fachzeitschriften, Zeitschriften, Büchern und der Presse:

- **Wie alt ist die Information? Ist sie noch aktuell?**
- **Woher stammt die Information? Wer ist für die Website verantwortlich? Handelt es sich um die Präsentation einer Privatperson, eines Wissenschaftlers, einer Behörde, eines Vereins, eines Interessensverbandes oder einer Firma?**
- **Werden namentlich Autoren genannt?**
- **Wird auf Quellen hingewiesen ähnlich wie in einem Literaturverzeichnis?**
- **Werden nachvollziehbare Fakten angeführt?**

Ordnen und Klassifizieren

An einem Gemüsestand verlangt ein Kunde eine grüne Beere. Die Marktfrau kann nur ahnen, dass er eigentlich eine Gurke möchte. Woher kommt das Verständigungsproblem? Kunde und Verkäuferin sprechen doch dieselbe Sprache – oder etwa nicht? Jedenfalls benutzen sie offenbar verschiedene Begriffe für ein und dieselbe Sache. Denn gehören Beeren nicht zu den Früchten? Andererseits: Zählt man Gurken nicht zum Gemüse? Was sind eigentlich Früchte? Was ist Obst? Etwas Saftiges, Weiches, Süßes? Und wann spricht man von Gemüse?

Die Verständigungsschwierigkeiten über die Gurke als Beere rühren daher, dass der eine Gesprächspartner Obst- und Gemüsehändler, der andere Biologe ist. Ihre Begriffe stammen aus unterschiedlichen Bezugssystemen. Wenn man die Idee hinter der – biologischen – Einteilung der Früchte kennt, ist zu verstehen, warum man die Gurke zu den „Beeren" zählen kann. Für Biologen handelt es sich bei allen pflanzlichen Gebilden, die sich aus einem Fruchtknoten entwickeln und die die heranreifenden Samen umschließen, um Früchte. Beim Versuch, eine Übersicht über die Vielzahl an verschiedenen Fruchtformen im Pflanzenreich zu gewinnen, haben die Botaniker verschiedene Ordnungskriterien angewandt: Wie viele Samen sind in der Frucht? Wo sitzen sie? Gibt es ein saftiges Fruchtfleisch? Bei den „Beeren" umschließt die saftig-fleischige Fruchtwand die meist zahlreichen hartschaligen Samen. Aus biologischer Sicht sind Erdbeeren damit keine Beeren, Johannisbeeren hingegen durchaus – genauso wie alle Citrusfrüchte und eben auch Gurken und Kürbisse.

Solange man von demselben Bezugssystem ausgeht und die angewandten Ordnungskriterien kennt, sind die Vorteile solcher Einteilungen offensichtlich: Begegnet einem beispielsweise ein Lebewesen, das man nicht kennt, kann man anderen von dieser Begegnung berichten, indem man von „dem Tier" spricht. Dann werden die Gesprächspartner zumindest wissen, dass es sich bei dem Lebewesen nicht um eine Pflanze handelt. Auch ohne seinen genauen Namen zu kennen, kann man das „Tier" weiter charakterisieren, indem man seine Gliedmaßen zählt und es als Vierbeiner bezeichnet. In ähnlicher Weise kann man über einen unbekannten Stoff sprechen und ihn als metallisch glänzend charakterisieren, selbst wenn man nicht weiß, um welches Metall es sich handelt.

Durch die Benutzung allgemein bekannter Ordnungsbegriffe wird die Kommunikation vereinfacht und beschleunigt. Allerdings sind nicht alle Zuordnungen zu Eigenschaften oder Oberbegriffen immer eindeutig: Hängt ein Apfel noch am Baum, dann ist er Teil eines Lebewesens. Wird der gleiche Apfel aber in einer Stiege auf dem Markt angeboten, wozu gehört er dann?

Selbst einfache Zuordnungen nach Eigenschaften wie „hart" und „weich" lassen nicht immer eindeutige Entscheidungen zu: Eine Hund und eine Katze haben ein weiches Fell; eine Schraube und ein Stein sind hart; aber was ist mit einem Hühnerei? Selbst Wasser kann einem manchmal hart und manchmal weich erscheinen – abhängig davon, ob jemand aus 10 Metern Höhe auf eine Wasseroberfläche springt oder sich vom Beckenrand ins Wasser gleiten lässt.

Ein weiteres Problem von Ordnungssystemen besteht darin, dass sich viele Dinge nach ganz verschiedenen Kriterien ordnen lassen. Es gibt kein Ordnungssystem, das alle Dinge der Welt restlos und eindeutig ordnet.

Ordnen im Alltag

Die Ordnungssysteme, mit denen wir unsere alltägliche Kommunikation bewältigen, lernen wir nicht. Vielmehr wächst man als Kind in die entsprechenden gedanklichen Strukturen hinein und übernimmt sie beim Umgang mit den Dingen – durch Zuhören, Beobachten, Nachmachen.

Menschen ordnet man z. B. nach ihrem Familienstand, nach ihrem Alter, ihrer Nationalität und danach, in welchem Verhältnis sie zu uns stehen und wovon sie leben. Lebensmittel werden nach Herkunft (Bayerische Spezialitäten, Pommersche Landwurst), Zubereitung (Backwaren, Trockenfrüchte) und Verwendung (Frühstückscerealien) geordnet. Stoffe ordnet man nach Herkunft (Natur- oder Kunststoff), nach ihren Eigenschaften (Metall, Stein, Holz, Plastik) oder nach ihrer Verwendung und Wir-

A

Wie werden Dinge geordnet?

Wie das Ordnen funktioniert, kannst du dir klar machen, indem du eine beliebige Gruppe von Dingen einteilst.

Nach welchen Eigenschaften kannst du die folgenden Dinge ordnen? Suche mindestens 10 verschiedene Ordnungssysteme, in die sich alle genannten Begriffe einsortieren lassen.

Fahrrad, Baumwolle, Soda, Essig, Pferd, Auto, Rose, Schraube, Draht, Fichte, Legostein, Stein, Wolle, Ziegel, Wasser, Katze, Eiche, Apfel, Hund, Schere, Hühnerei, Seide

- Welche Probleme treten auf, wenn man versucht, die oben aufgeführten Dinge danach zu sortieren, ob sie hart sind oder weich und ob etwas zu den Lebewesen gehört oder nicht?

- Können die Gegenstände auch danach geordnet werden, ob sie zu den Metallen gehören oder nicht und ob ein Ding natürlichen Ursprungs ist oder künstlich hergestellt worden ist?

- Schau dir die von dir entwickelten Ordnungssysteme genauer an: Wann hast du einfach nach Eigenschaften sortiert, und wann hast du Oberbegriffe wie Metall/Nicht-Metall benutzt? Oberbegriffe fassen meistens mehrere Eigenschaften zusammen: Metalle sind z. B. (bis auf Quecksilber) bei Zimmertemperatur fest, sie leiten den elektrischen Strom, und wenn man sie durch Säuren auflöst, entsteht ein Salz. Welche Eigenschaften fassen die anderen Oberbegriffe zusammen, die du zum Ordnen benutzt hast?

kung (Kraftstoff, Impfstoff, Giftstoff, Wertstoff, Sprengstoff). Geordnet werden aber auch Dinge, die man nicht sehen oder anfassen kann, beispielsweise Vorstellungen von politischen Systemen wie Demokratie, Monarchie, Republik oder Diktatur.

Alltägliche Ordnungssysteme wendet man in der Regel an, ohne besonders darüber nachzudenken. Weil Ordnungssysteme unser alltägliches Denken durchdringen, kann man mit relativ wenigen Fragen ein Objekt unter vielen identifizieren. Die Fragetechnik ist aus Ratespielen bekannt, bei denen man über Ja/Nein-Antworten einen Gegenstand aufspürt, den sich ein anderer überlegt hat: Ist es lebendig? Ist es aus Metall? Leitet es den Strom? Ist es von Menschen gemacht? Ein solches Fragespiel kann man einfach zum Vergnügen betreiben, man kann sich dabei aber auch bewusst machen, auf welches Ordnungssystem eine bestimmte Frage abzielt, etwa wenn man fragt: „Handelt es sich um ein Lebewesen?"

Das Schnabeltier legt Eier, ist aber weder Vogel, noch Fisch, Reptil oder Lurch

Ordnen in den Naturwissenschaften

Dinge mit gemeinsamen Eigenschaften lassen sich unter Oberbegriffen zusammenfassen. Wählt man nur wenige Eigenschaften als Kriterium für die Zugehörigkeit, wird die Gruppe viele Gegenstände bzw. Lebewesen umfassen. Vergrößert man die Anzahl der Eigenschaften, die für die Gruppenzugehörigkeit gelten, werden sich die Mitglieder der Gruppe immer ähnlicher. So entstehen Hierarchien.

In der Biologie unterscheidet man Tiere, die eine Wirbelsäule besitzen, also die Wirbeltiere, von solchen ohne Wirbelsäule, den so genannten Wirbellosen. Die Wirbeltiere wiederum bilden fünf große Klassen: die Säugetiere, die Vögel, die Kriechtiere (Reptilien), die Lurche (Amphibien) und die Fische. Wer das Klassifikationssystem der Wirbeltiere kennt und erfährt, dass ein bestimmtes Tier ein Säugetier ist, kann mithilfe des systematischen Wissens „Vorhersagen" treffen: Das Tier muss eine Wirbelsäule haben, es säugt seine Jungen, außerdem hat es eine Lunge, vermutlich auch ein Fell, ...

Manchmal ist es schwierig, ein Wirbeltier eindeutig einer der fünf Klassen zuordnen. Das Schnabeltier z. B. wirkt äußerlich wie ein Säugetier, legt aber Eier. Trotzdem ist es kein Vogel, denn es hat kein Federkleid, und es ist ganz offensichtlich weder Fisch noch Reptil noch Lurch. Um das Problem zu lösen, hat man für das Schnabeltier und seine Verwandten eine eigene Unterklasse der Säugetiere eingerichtet. Für diese Zuordnung war entscheidend, dass das Schnabeltier trotz seiner Eiablage Milchdrüsen besitzt und seine Jungen säugt.

Im Unterschied zu alltäglichen Ordnungssystemen wurden und werden wissenschaftliche Ordnungssysteme mit ganz bestimmten Absichten konstruiert. Hinter ihnen steht eine Idee, eine Theorie oder ein Konzept. Das System der Pflanzen und Tiere ist ein Beispiel dafür, dass Ordnungssysteme nicht nur der Übersichtlichkeit dienen, sondern Zusammenhänge zeigen. Lebewesen, die zu einer Klasse (oder zur gleichen Ordnung oder zu einer Familie) gehören, sind stammesgeschichtlich verwandt; das heißt, sie haben sich im Laufe der Evolution aus gemeinsamen Vorfahren entwickelt.

Für die Entwicklung der Wissenschaften hatten und haben Ordnungssysteme eine große Bedeutung. Sie erlauben unter anderem, über fehlende Zwischenglieder in einem System zu spekulieren und gezielt nach ihnen zu suchen. Gelegentlich kann man sogar eine Art Phantombild erstellen und die Eigenschaften des „missing link" ziemlich genau beschreiben. Ein Beispiel hierfür ist die Geschichte des Periodensystems der Elemente. Die Grundanordnung dieses Ordnungssystems wurde Ende des 19. Jahrhunderts von Dimitri Mendelejew postuliert. Wie die bis dahin bekannten chemischen Elemente zueinander in Beziehung zu setzen sind, erfuhr der russische Wissenschaftler angeblich in einem Traum.

Mendelejew war von der Richtigkeit seines Ordnungssystem überzeugt, obwohl das „Periodensystem der Elemente", wie er es nannte, beträchtliche Lücken und Unregelmäßigkeiten aufwies und deswegen heftig kritisiert wurde. Wenn kein bekanntes Element in sein Ordnungssystem passte, ließ er die betreffende Position einfach frei und behauptete, dass man die Lücken mit noch unentdeckten Elementen werde schließen können. Beispielsweise sagte er in der neunten Zeile seines Ordnungssystems ein noch unbekanntes Element zwischen Aluminium und Uran voraus, bezeichnete es als Eka-Aluminium und machte Angaben über die zu erwartenden Eigenschaften des noch nicht entdeckten Elements. Da er außerdem auch noch Vermutungen über die voraussichtliche Methode seiner Entdeckung anstellte, bot er der skeptischen Wissenschaftsgemeinde fast ein Jahr lang Anlass zu freundlichem Spott.

Im Spätsommer 1875 teilte dann der französische Chemiker Paul Emile Lecoq der Pariser Akademie der Wissenschaften mit: „In der vorletzten Nacht, am 27. August 1875 zwischen drei und vier Uhr morgens, entdeckte ich mit Hilfe der Spektralanalyse in einer Probe Zinksulfid aus dem Pierefitte-Bergwerk in den Pyrenäen ein neues Element."

Das neue Element wurde Gallium genannt. Es zeigte gute Übereinstimmung mit den von Mendelejew vorausgesagten Eigenschaften für Eka-Aluminium. Nur die von Lecoq ermittelte Dichte von 4,7 wich beträchtlich ab von Mendelejews vorausgesagtem Wert von 5,9.

Obwohl Mendelejew sechs Jahre lang auf den ersten experimentellen Hinweis für die Funktionsfähigkeit seines Ordnungssystems hatte warten müssen, zeigte er sich nicht überrascht. Er schrieb an Lecoq, dass die von diesem untersuchte Probe nach seiner Überzeugung nicht rein genug gewesen sei und dass nur deshalb nicht der von ihm, Mendelejew, vorausgesagte Wert von 5,9 für die Dichte von Eka-Aluminium ermittelt wurde. Als Lecoq, offenbar beeindruckt von der Unbeirrbarkeit Mendelejews, daraufhin seine Experimente wiederholte, fand er tatsächlich den von diesem vorausgesagten Wert von 5,9.

Fünf Jahre später, 1885. wurde das Eka-Silicium (heute: Germanium) von dem deutschen Wissenschaftler Clemes Winkler entdeckt. 1879 fand der Schwede Lars Frederik Nilson das Eka-Bor (heute: Scandium). Auch Nilson stellte weitgehende Übereinstimmung zwischen den vorausgesagten Daten Mendelejews und seinen Ergebnissen fest. Er schrieb: „Somit werden aufs anschaulichste die Gedanken des russischen Chemikers bestätigt, nicht nur die Existenz des genannten Elements vorauszusagen, sondern auch im voraus dessen wichtige Eigenschaften anzugeben."

➔ Oft werden (messbare) Eigenschaften zum Ordnen verwendet und die Elemente entlang einer Skala angeordnet. Ein Beispiel ist der edle bzw. unedle Charakter von Metallen. Was ist hier das Ordnungskriterium? Gibt es andere vergleichbare Reihen oder Skalen?

Obwohl also Mendelejews Anordnung später in weiten Teilen bestätigt wurde, und auch

In den Naturwissenschaften gibt es hierarchische Ordnungssysteme:

➔ in der Biologie:
- **Zellorganelle**
- **Zelle**
- **Gewebe**
- **Organe**
- **Organismen**
- **Populationen**
- **Ökosysteme**

➔ in der Chemie:
- **Elementarteilchen**
- **Atome**
- **Moleküle**
- **Makromoleküle**

Oft ist eine eindeutige Zuordnung zu einem Ordnungssystem schwierig: Elektronen z. B. gehören zu den Elementarteilchen. Zusammen mit Tönen und Licht gehören Elektronen aber auch zu den Wellen. Ist ein Elektron nun ein Teilchen oder eine Welle? Kann es beides sein?

A

Mit verschiedenen Ordnungssystemen zum gleichen Ziel?

Unbekannte Pflanzen und Tiere lassen sich mithilfe so genannter Bestimmungsschlüssel identifizieren. Solche Schlüssel können nach unterschiedlichen Prinzipien aufgebaut sein. Manche berücksichtigen morphologische Merkmale und damit letztlich die Verwandtschaftsbeziehungen der Pflanzen untereinander. Andere orientieren sich zunächst an dem Lebensraum, in dem die gesuchte Pflanze vorkommt.

Prüfe, ob verschiedene Ordnungssysteme zum gleichen Ergebnis führen können: Nimm an, du findest in der Natur eine Rose, wie sie auf den Fotos zu sehen ist. Benutze nacheinander die beiden abgebildeten Bestimmungsschlüssel, um herauszufinden, um welche Art es sich handelt.

- Analysiere die Abfolge der Entscheidungsschritte in dem einen und in dem anderen Schlüssel. Kannst du erkennen, nach welcher Logik die jeweiligen Schlüssel aufgebaut sind? Einer von beiden wird oft als „systematischer Schlüssel" bezeichnet. Was stellst du dir darunter vor?
- Entscheidungsbäume, bei denen man eine Ja-Nein-Entscheidung treffen muss, nennt man dichotom. Kann einer der beiden Bestimmungsschlüssel als dichotom bezeichnet werden?
- Für wen könnte die eine oder andere Sorte von Bestimmungsschlüsseln von Vorteil sein?
- Welche Nachteile könnten mit der Benutzung des einen und des anderen Schlüssels verbunden sein?

BESTIMMUNGSSCHLÜSSEL 1

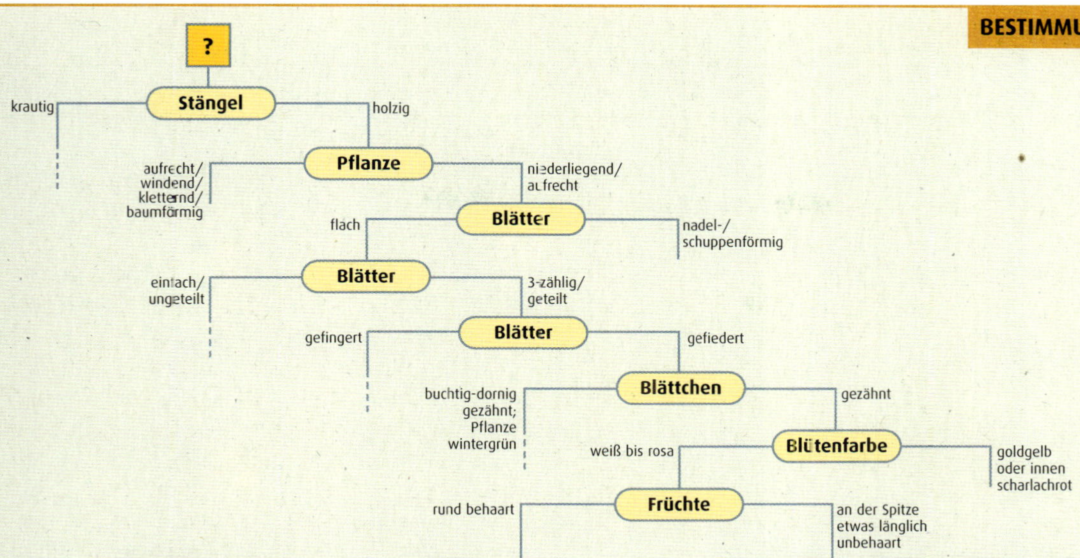

Apfel-Rose (*Rosa villosa*)
Blüten kräftig rot, einzeln, etwa 7 cm im Durchmesser; Kelchblätter fest mit der Frucht verbunden; Stängel mit geraden dünnen Stacheln; Blätter gefiedert, 5–7 Teilblättchen, unterseits dicht behaart, 1–4 cm lang; an Felsbändern, in Gebüschen und trockenen Wäldern, an Südhängen oder stark besonnten Stellen; wärmeliebend; sehr selten.

Hunds-Rose (*Rosa canina*)
Blüten blassrot bis hellrosa, Blüten zu 1–3, schwach duftend, Blütenblätter etwa 2–2,5 cm lang; Kelchzipfel nach dem Verblühen zurückgeschlagen; Stängel stachelig, Stachel meist hakig; Blätter unpaarig gefiedert, wechselständig, 5–7 Teilblättchen, eiförmig oder elliptisch, scharf gesägt, kahl; in Laubwäldern, an Waldrändern und Gebüschen; liebt lockeren Boden; häufig.

BESTIMMUNGSSCHLÜSSEL 2

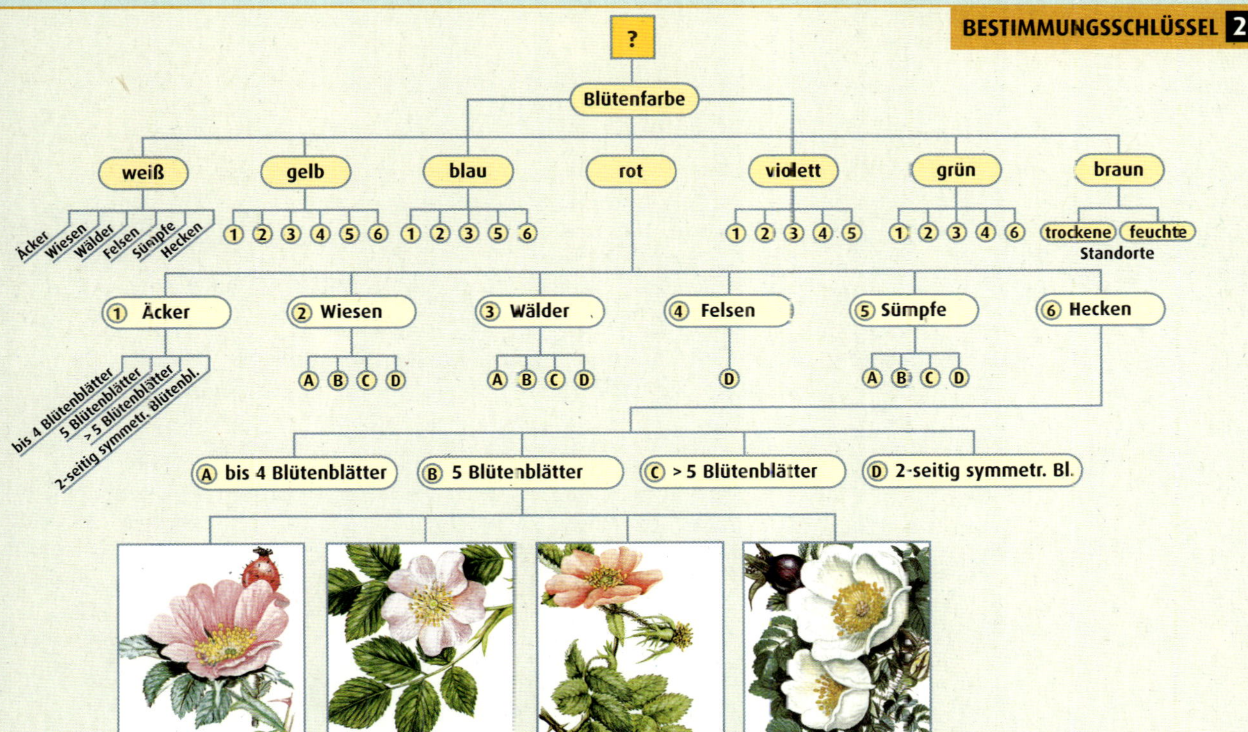

Filzige Rose

Hunds-Rose

Apfel-Rose

Bibernell-Rose

Das Periodensystem der Elemente

Dimitri I. Mendelejew versuchte als Erster, alle Elemente des Universums in einer einzigen Tabelle zu ordnen.

Im Jahr 1869 suchte der russische Chemiker Dimitri I. Mendelejew (1834–1907) nach einem Ordnungssystem für die bis zu diesem Zeitpunkt bekannten 63 chemischen Elemente. Mithilfe dieses Systems sollten verschiedene Fragen geklärt werden: Würde es wohl sehr viele oder nur wenig mehr als die bis dahin entdeckten Elemente geben? Könnte und sollte man bislang unbekannte Elemente gezielt suchen, oder war man auf Zufallsentdeckungen angewiesen?
Mendelejew war wie viele andere Naturwissenschaftler von der Existenz eines erklärenden ordnenden Prinzips überzeugt, das auch für die weitere wissenschaftliche Entwicklung der Chemie entscheidend sein würde. Am 17. Februar 1869, nach Tagen ununterbrochener ergebnisloser Arbeit schrieb Mendelejew die Symbole und Eigenschaften der bekannten Elemente auf Kärtchen, die er ähnlich einem Kartenspiel zu einer Patience zu ordnen versuchte. Vollkommen erschöpft schlief er ein und hatte einen Traum: *„Ich sah einen Tisch, auf dem sich alle Elemente wie erforderlich zusammenfügten. Als ich wieder erwachte, schrieb ich es sofort auf einem Blatt Papier nieder."*

Mendelejew ordnete die bekannten Elemente, indem er Kärtchen mit ihren Eigenschaften solange verschob, bis er mit dem Ergebnis zufrieden war.

Auch du kannst wie Mendelejew deine Gedanken zu einem Thema ordnen:
Sammle in einer Art Brainstorming Begriffe zu einem Problem oder einer Frage, schreibe sie auf Karteikarten und versuche anschließend, inhaltliche Beziehungen herzustellen und ein System zu entwickeln.
Als Moderator einer Gruppenarbeit kannst du auf gleiche Weise die Ergebnisse eures gemeinsamen Nachdenkens strukturieren und zusammenfassen. Auch hier kann es passieren, dass gerade die Lücken und Fehlstellen eines geordneten Brainstormings einen Hinweis geben auf wichtige Aspekte, die ihr noch einbeziehen solltet.

Mendelejew hatte Elemente mit ähnlichen Eigenschaften nebeneinander positioniert, mit zunehmender Atommasse von links nach rechts. Die so erhaltenen waagerechten Zeilen ordnete er übereinander an, sodass die Atommassen der Elemente in den dadurch entstehenden senkrechten Spalten von oben nach unten zunahmen. Die Alkalimetalle Litium (Li), Natrium (Na), Kalium (K), Rubidium (Rb) und Caesium (Cs) standen bereits in der heute akzeptierten Reihung hintereinander, ebenso die Halogene Fluor (F), Chlor (Cl), Brom (Br) und Jod (J).

seine Vorhersagen über noch unentdeckte Elemente, die Mendelejew aus dem Ordnungssystem ableitete, als erstaunlich zutreffend erwiesen, verstieß der russische Wissenschaftler in den Augen seiner Zeitgenossen gleich gegen zwei grundlegende Prinzipien: Er missachtete das Prinzip der Einfachheit. Dieses Prinzip besagt, dass in der Natur immer der einfachere von zwei möglichen Wegen realisiert wird – warum also ein System mit Lücken konstruieren, wenn man die bekannten Elementen auch ohne Leerstellen ordnen könnte? Zweitens verließ Mendelejew den Boden der Tatsachen, indem er Elemente vorhersagte – in den Augen anderer Wissenschaftler „forderte" –, die offenbar gar nicht existierten, nur um eine großartige Idee zu verfolgen.

Sieht man genauer hin, dann gab es in der Geschichte der Naturwissenschaft immer wieder Forscher, die versuchten, aus den vorhandenen Befunden ein neues System zu konstruieren, das sich zunächst nicht als Ganzes belegen ließ. Ein ähnliches Beispiel ist die so genannte „Kopernikanische Wende".

Finde heraus, was unter der **Kopernikanischen Wende** zu verstehen ist und worin die besondere Leistung des polnischen Astronomen Nikolaus Kopernikus bestand.

Wissenschaftliche Ordnungssysteme sind Alltagssystemen nicht grundsätzlich überlegen. Sie sind für bestimmte Situationen bedeutsam und erleichtern die Kommunikation zwischen Experten bzw. über Fachfragen. Unter Umständen sind sie jedoch im Alltag nicht besonders hilfreich: Niemand wird, weil Gurken aus Sicht der botanischen Systematik zu den Beerenfrüchten gehören, beim Einkaufen nach langen grünen Beeren fragen, wenn er Gurken meint. Ebenso wenig verlangt man an der Tankstelle ein Gemisch von gesättigten Kohlenwasserstoffen, wenn man Benzin braucht.

A „Missing Links" Periodensystem

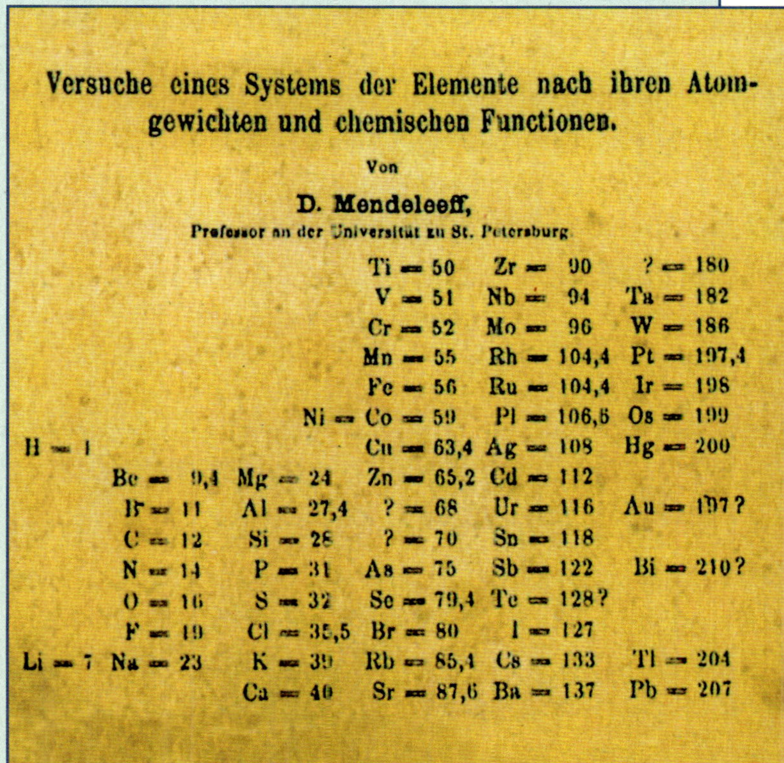

Versuche eines Systems der Elemente nach ihren Atomgewichten und chemischen Functionen.

Von

D. Mendeleeff,

Professor an der Universität zu St. Petersburg

			Ti = 50	Zr = 90	? = 180
			V = 51	Nb = 94	Ta = 182
			Cr = 52	Mo = 96	W = 186
			Mn = 55	Rh = 104,4	Pt = 197,4
			Fe = 56	Ru = 104,4	Ir = 198
			Ni = Co = 59	Pl = 106,6	Os = 199
H = 1			Cu = 63,4	Ag = 108	Hg = 200
	Be = 9,4	Mg = 24	Zn = 65,2	Cd = 112	
	B = 11	Al = 27,4	? = 68	Ur = 116	Au = 197?
	C = 12	Si = 28	? = 70	Sn = 118	
	N = 14	P = 31	As = 75	Sb = 122	Bi = 210?
	O = 16	S = 32	Se = 79,4	Te = 128?	
	F = 19	Cl = 35,5	Br = 80	I = 127	
Li = 7	Na = 23	K = 39	Rb = 85,4	Cs = 133	Tl = 204
		Ca = 40	Sr = 87,6	Ba = 137	Pb = 207

Mendelejews System der Elemente von 1869

Mendelejew hat für die fehlenden Elemente in seinem System Lücken gelassen bzw. Fragezeichen gesetzt. Welche Elemente stehen heute an diesen Stellen im Periodensystem? Beantworte die Frage, indem du die Elemente so anordnest, wie es heute üblich ist. Darstellungen zum Periodensystem findest du in deinem Chemiebuch.

Ordnungssysteme im Alltag und in den Naturwissenschaften

Das Prinzip des Ordnens

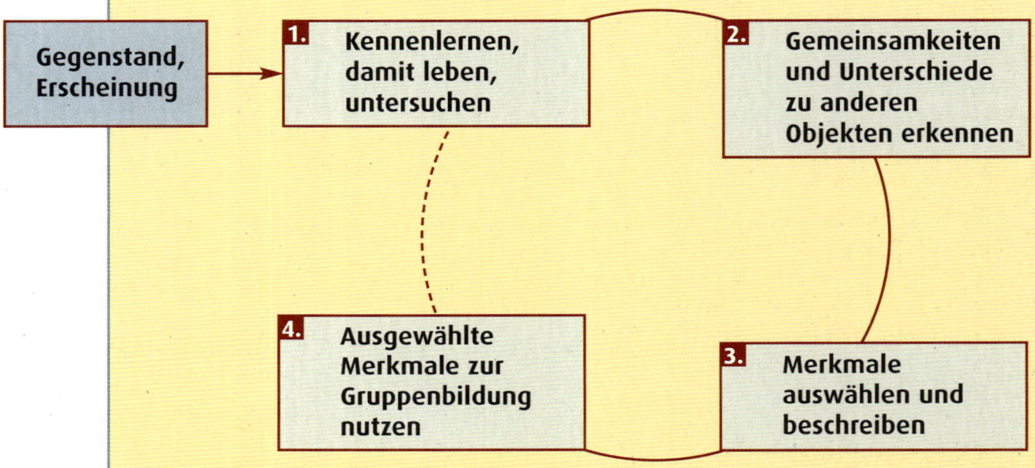

- Ordnungssysteme sind Ausdruck von Verstandenem und Gewusstem. Gleichzeitig sind sie ein Mittel, um neue Erscheinungen einzuordnen und dadurch weitere Informationen zu erhalten.

- Ob im Alltag oder in den Wissenschaften: Jedem Ordnungsprozess geht die Erfahrung voraus. Das Auffinden von Unterschieden und Gemeinsamkeiten und die Bildung von Gruppen und Oberbegriffen, die mehrere Merkmale zusammenfassen, kann aber weit über die einfache Erfahrung hinausgehen.

- Mithilfe von Einteilungen und Ordnungen lassen sich neue Beobachtungen leichter machen und gezielt auswerten. Wer ein Klassifikationssystem kennt, kann mithilfe des systematischen Wissens sogar „Vorhersagen“ treffen.

- Umgekehrt kann ein starres Ordnungssystem allerdings auch verhindern, dass wirklich Neues erfahren wird.

- Wissenschaftliche Ordnungssysteme sind Alltagssystemen nicht grundsätzlich überlegen, aber sie erleichtern die Kommunikation über Fachfragen.

Messen, Messwerkzeuge und Größen

Maße für den Tausch von Waren waren zunächst „Körpermaße". Daran erinnert das heute noch in England gebräuchliche Längenmaß „Fuß". Doch Menschen können unterschiedlich lange „Füße" und „Ellen" besitzen. Im Laufe der Zeit ergab sich daher die Notwendigkeit, die Maße zu vereinheitlichen. Dass dieser Prozess noch nicht abgeschlossen ist, zeigt sich am Unterschied zwischen einer Landmeile (1,609 km) und einer Seemeile (1,852 km).

Mit dem so genannten Ur-Meter, das in Paris aufbewahrt wird, erfolgte im 19. Jahrhundert erstmals die internationale Festlegung einer Längeneinheit. Laut Vereinbarung entspricht die aus Platin gehämmerte rechteckige Stange genau dem 40-millionsten Teil des Erdmeridians: einer Länge von einem Meter.

Die heute üblichen SI-Einheiten (Système International d'Unités) beruhen auf sieben Basiseinheiten, darunter Kilogramm, Meter und Sekunde (vgl. Tab.). Alle übrigen SI-Einheiten werden von den Basiseinheiten abgeleitet. So definiert man beispielsweise 1 Newton als die Kraft, die einem Körper mit der Masse 1 kg eine Beschleunigung von 1 m/s^2 erteilt. Da das System der SI-Einheiten kohärent, also in sich stimmig ist, ist kaum mehr zu erkennen, dass es sich bei den Basiseinheiten eigentlich um willkürliche Festlegungen handelt.

Mit der Weiterentwicklung der Messverfahren hat sich schrittweise auch die Genauigkeit der Messungen verbessert. So kann man heute die Sprungweite eines Leichtathleten mittels Infrarotmessung im Prinzip auf den Millimeter genau bestimmen. Allerdings setzt die Bestimmung der Messendpunkte der Genauigkeit Grenzen: Soll an der Spitze oder an der Ferse des Fußabdrucks gemessen werden? Wie sauber ist der Messpunkt im Sand überhaupt zu bestimmen?

SI-Basiseinheiten

Größe	Basiseinheit	Einheitenzeichen
Länge	Meter	**m**
Masse	Kilogramm	**kg**
Zeit	Sekunde	**s**
elektrische Stromstärke	Ampere	**A**
thermodynamische Temperatur	Kelvin	**K**
Stoffmenge	Mol	**mol**
Lichtstärke	Candela	**cd**

Beim Messen von Längen werden in Gedanken (oder auch real) immer Grundeinheiten aneinander gelegt und gezählt. Lässt sich dieses Vorgehen auch auf andere Messungen übertragen – z. B. auf Messungen der Temperatur?

Was wird die ursprüngliche Grundeinheit der Zeitmessung gewesen sein? Wie ließen sich Zeitmessungen vereinheitlichen?

So unterschiedlich wie die mit dem Messen verbundenen Ziele sind auch die zu messenden **Größen** und die **Messwerkzeuge**. Jedem wird einleuchten, dass es keinen Sinn macht, eine Weitsprungstrecke mit einer Schublehre auszumessen. Geradezu unmöglich ist es, die Größe einer mit dem bloßen Auge kaum sichtbaren Zelle mit einem Meterband zu bestimmen.

Ebenso wichtig wie die Wahl des angemessenen Werkzeuges ist die Aufstellung einer eindeutigen **Messvorschrift**. Um vergleichbare Aussagen zu erzielen, müssen die Messwerte unter möglichst identischen Bedingungen, z. B. gleichen Druck- und Temperaturbedingungen, gewonnen werden. Und wenn schon nicht für alle Messungen einer bestimmten Größe dasselbe Messgerät verwendet werden kann, so müssen die benutzten Messinstrumente weltweit nach festgelegten Normen einheitlich geeicht sein.

Im Sport werden die Ergebnisse oft auf hundertstel Sekunden oder auf Bruchteile von Zentimetern genau angegeben.

Bei welchen Sportarten macht das Sinn?

Was sagen Messwerte aus?

Die Leitfähigkeit einer Lösung wird durch die Bewegung von Ionen in einem elektrischen Feld zwischen zwei Messelektroden bestimmt (vgl. S. 33). Daher hängt sie in großem Maße von der Art der Ionen und deren Beweglichkeit ab. Manche Ionen „schleppen" eine große Anzahl an Wassermolekülen mit sich herum und sind daher wenig beweglich. Im Gegensatz dazu geben Protonen ihre „belastenden" positiven Ladungen schnell über die Wasserstoffbrücken-Bindungen des Wassers weiter.
Die Leitfähigkeitsmessung ist eine indirekte Messung: Man misst entweder die Größe des Stroms, der bei einer bestimmten angelegten Spannung fließt, oder den elektrischen Widerstand und zieht daraus Rückschlüsse über Konzentrationen gelöster Stoffe.
Zur Beurteilung solcher Messdaten muss man zuerst eine **Eichkurve** aufstellen. Dazu werden Test-Lösungen mit bekanntem Salzgehalt hergestellt und ihre Leitfähigkeit gemessen. Die höchste und die niedrigste Eich-Konzentration müssen so gewählt werden, dass sie den bei der Messung erwarteten Wert einschließen. Zusätzlich müssen aber auch Lösungen mit mittlerer Konzentration untersucht werden – schließlich kann man sich nicht sicher sein, dass sich die Leitfähigkeit durchgängig proportional zur Konzentration der Lösungen ändert.

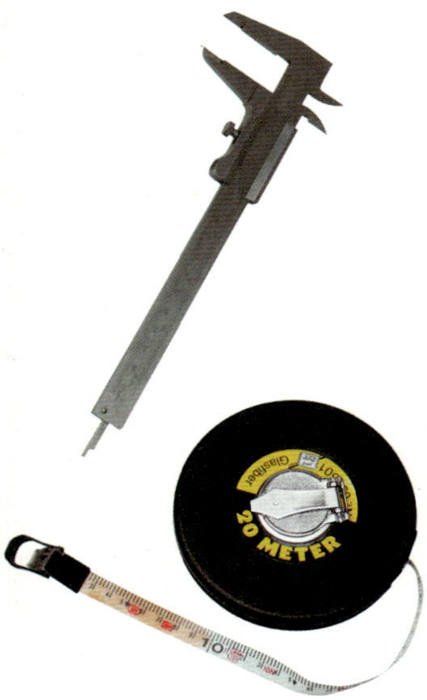

Welches Messwerkzeug ist angemessen?

Messen = Eingriff?

Legt man zwischen zwei Elektroden eine Spannung an, finden stets elektrochemische Vorgänge statt: Stoffe werden abgeschieden oder gehen in Lösung. Arbeitet man mit Gleichspannung, werden an der (positiv aufgeladenen) Anode (negativ geladene) Anionen entladen; an der Kathode passiert das gleiche mit den Kationen der Lösung. Dadurch verändern sich die Oberflächen der Elektroden im Laufe der Zeit und damit der Zustand des Systems. Die Messwerte werden verfälscht.
Beim Anlegen einer Wechselspannung ändert sich mit jedem Phasenwechsel die Ladung der Elektroden. Dadurch werden die Elektrolysewirkungen immer wieder umgekehrt, und es stellt sich ein relativ stabiler Zustand ein. Um möglichst unverfälschte Messdaten zu erhalten, arbeitet man deshalb bei technischen oder wissenschaftlichen Leitfähigkeitsmessungen mit hochfrequenter Wechselspannung. Aber auch hier wird mit der Messung selbst ein Eingriff in das System vorgenommen. Solche Eingriffe sind beim Messen nicht die Ausnahme, sondern kommen sehr häufig vor.

Bei einer pH-Wert-Messung taucht man ein Stück Indikator-Papier in die zu untersuchende Lösung. Durch Reaktion mit den in der Lösung vorhandenen H^+- bzw. OH^--Ionen findet eine chemische Veränderung der auf dem Papier aufgebrachten Farbstoffe statt, die optisch sichtbar ist.

Bei Lösungen mit hoher Ionenkonzentration kann man die Messung beliebig oft wiederholen. Bei ionenarmen Lösungen wie z. B. bei Regenwasser ist es dagegen kaum möglich, den Säuregehalt überhaupt mithilfe von Indikator-Papier zu bestimmen.

Worin besteht hier der „Eingriff"? Wie macht er sich bemerkbar?

Es gibt Messmethoden – darunter viele, die mit elektromagnetischer Strahlung arbeiten –, die das System nicht verändern. Wird beispielsweise der Farbstoff-Gehalt einer Lösung kolorimetrisch bestimmt, vergleicht man lediglich die Intensität der Färbung mit einer Standard-Lösung. Ähnlich funktionieren spektrometrische Verfahren, bei denen Licht oder elektromagnetische Strahlung einer bestimmten Wellenlänge eingestrahlt werden und bestimmt wird, welcher Anteil die Lösung durchdringt und welcher von ihr absorbiert wird.

Die Unterscheidung in „eingreifende" und „nicht eingreifende" Mess- bzw. Untersuchungsmethoden kann man sich an Techniken klar machen, die in der Medizin eingesetzt werden.

Entscheide für die folgenden medizinischen Messverfahren, ob die Methode jeweils in das „System" eingreift:

- Fiebermessung
- Pulsmessung
- Blutdruckmessung
- Auszählen veränderter Zellen in Abstrichen
- Messen und Wiegen von Körpergröße und -masse
- Szintigraphie (Verabreichung schwach radioaktiver Präparate und Messung der Verteilung der Nuklide im Körper zur Darstellung von Tumorgeweben)
- Thermographie

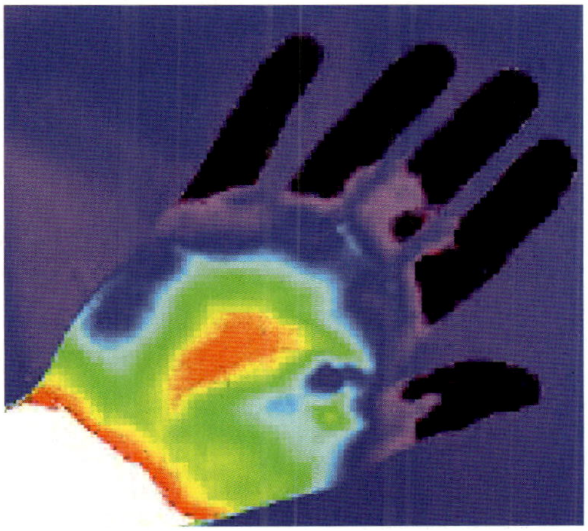

Wärmestrahlung einer Hand beim Hereinkommen aus der Kälte (Thermographie)

Eine Leitfähigkeitsmessung erfasst die Summe der Einzelleitfähigkeiten aller gelösten Salze. Wieso kann man die Funktionsfähigkeit einer Entmineralisierungsanlage durch Leitfähigkeitsmessungen überprüfen?

A

Messung der Reaktionszeit

Wie schnell ein Mensch reagiert, kann über Leben und Tod entscheiden, z. B. wenn beim Moped- oder Autofahren plötzlich eine Person oder ein Hindernis auf der Fahrbahn erscheint. Vom Reiz über die Signalaufnahme durch die Sinnesorgane, der Erregungsweiterleitung über die Nerven bis zur Verarbeitung im Gehirn und der Befehlsabgabe an die Muskeln vergeht eine gewisse Zeit. Die so genannte Schrecksekunde ist bei jedem Menschen unterschiedlich lang. Sie hängt vom Alter, der Tagesform und dem Gesundheitszustand ab. Auch der Genuss von Alkohol verändert die individuelle Reaktionszeit.

In Fahrschulen und in Arztpraxen findet man oft Geräte, mit denen man sein Reaktionsvermögen testen kann. Sie funktionieren nach folgendem Prinzip: Auf einen meist optischen Reiz – ein Lämpchen blinkt auf – muss der Proband so schnell wie möglich eine Taste drücken. Das Gerät zeichnet die Zeitdifferenz zwischen Reiz und Reaktion elektronisch auf. Aus mehreren Messungen wird ein Mittelwert gebildet und angezeigt bzw. ausgedruckt.

Auch ohne technischen Aufwand kann man die Reaktionszeit messen: Die jeweilige Testperson versucht, ein nach unten fallendes Lineal möglichst schnell aufzufangen (vgl. Abb.). Je schneller sie zugreift, desto geringer ist die Falltiefe des Lineals und desto kürzer die Reaktionszeit. Wer mit diesem Versuch die Reaktionszeiten verschiedener Probanden vergleichen will, muss vorab eine ganze Reihe von Fragen klären.

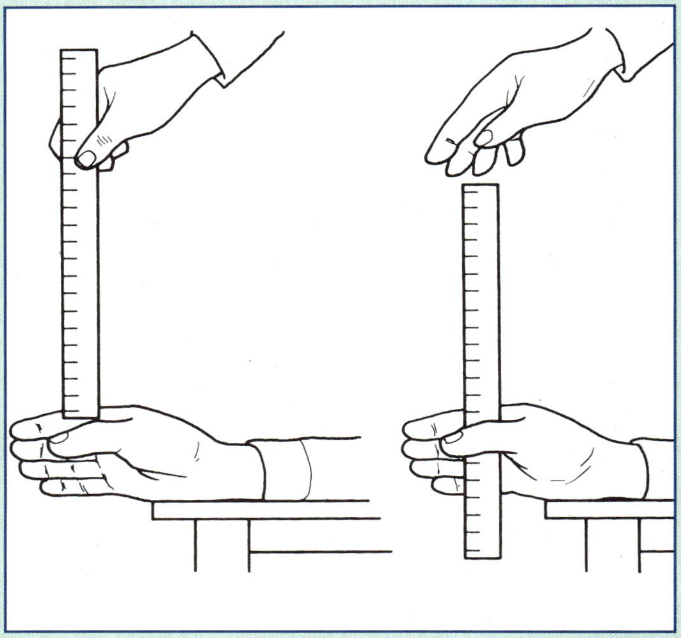

- **Welche Orientierung soll das Lineal beim Fallen haben: Soll der Nullpunkt nach unten gerichtet sein oder nach oben? Welche Ausrichtung erscheint sinnvoller, wenn man an die Auswertung denkt?**
- **Wie und wo hält der Versuchsleiter das Lineal fest? Wo steht er im Verhältnis zur Versuchsperson? Darf er sprechen?**
- **Wo hat die Versuchsperson zu Beginn der Messung ihre Hand? Wie weit sind die Finger vom Lineal entfernt? Wo befindet sich das Ende des Lineals in Bezug auf die Hand?**
- **Wo wird nach dem Versuch die Falltiefe des Lineals abgelesen: oberhalb der Finger oder unterhalb?**
- **Wie oft wird der Versuch mit ein und der selben Person wiederholt? Darf der Versuchsleiter wechseln oder nicht? Gibt es einen Protokollanten oder notiert der Versuchsleiter das Ergebnis?**

Entwickle anhand der Fragen eine möglichst eindeutige Messvorschrift für die Reaktionszeitmessung mit dem Lineal. Schreibe sie auf.

◆ Um Messergebnisse vergleichbar zu machen, muss man vor Beginn einer Messreihe eine **eindeutige Messvorschrift** aufstellen.
Sie erleichtert die anschließende Auswertung bzw. macht sie überhaupt erst möglich.

A Versuchsprotokoll und Auswertung

Vor Versuchsbeginn muss festgelegt werden, wie die zu erwartenden Ergebnisse protokolliert werden. In den meisten Fällen eignet sich dazu eine Tabelle, in die man die einzelnen Messwerte einträgt. Die Daten sollten so aufgelistet werden, dass etwaige Berechnungen bei der späteren Auswertung möglichst leicht fallen. So ist beispielsweise schon im Vorfeld zu entscheiden, ob man für jede Versuchsperson ein eigenes Tabellenblatt erstellt oder die Ergebnisse mehrerer Messreihen in ein und dieselbe Tabelle einträgt.

An die Messreihen schließt sich die Auswertung an. Die Einzelergebnisse sind in der Regel nicht identisch. Jedes einzelne Ergebnis charakterisiert eine bestimmte, nicht wiederholbare Situation. Man kann die Einzelwerte zunächst jeweils für sich interpretieren:

- **Gab es eine auffällige Besonderheit oder eine Störung bei der Durchführung, z. B. eine Durchsage über die Lautsprecheranlage, die die Versuchsperson abgelenkt haben könnte?**
- **Lässt sich eine Abweichung vom vorhergehenden Ergebnis durch einen Übungseffekt erklären?**
- **Kann eine Abweichung durch Ermüdung der Versuchsperson aufgetreten sein?**
- **Handelt es sich bei einem besonders stark abweichenden Wert um einen so genannten Ausreißer, der nicht ohne weiteres erklärbar ist und deshalb auch nicht in die Auswertung einbezogen werden sollte?**

Oft hilft eine graphische Veranschaulichung, z. B. in einem Koordinatensystem (vgl. Abb.), systematische Veränderungen innerhalb einer Messreihe zu entdecken.

Zur Charakterisierung der Reaktionsfähigkeit einer Person bildet man aus den Einzelergebnissen einen Mittelwert; dazu wird die Summe der Einzelwerte durch die Anzahl der Wiederholungen geteilt. Bei der Mittelwertbildung geht ein Teil der Informationen verloren. Was genau sagt der Mittelwert aus?

Reaktionszeitmessung

Versuchsperson: ....

Versuchsleiter: .. ..

Datum: ....

Fallstrecke in [cm]

1. Versuch ....
2. Versuch ....
3. Versuch ....
4. Versuch ....
5. Versuch ....

Mittelwert ....

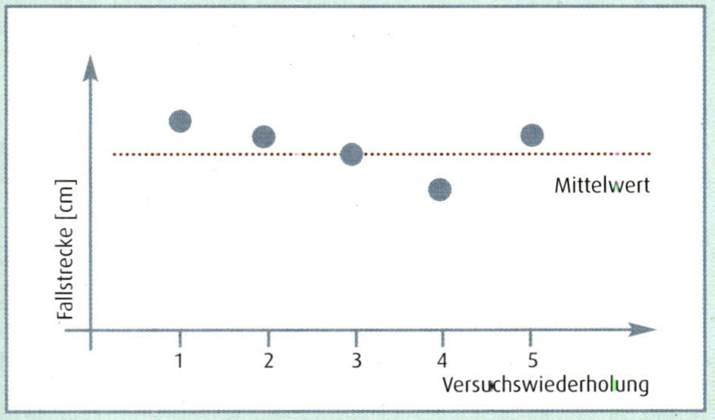

Umrechnung von Messergebnissen und Neuskalierung von Messgeräten

Anders als bei den elektronischen Reaktionszeitmessgeräten wird die Reaktionszeit bei dem Versuch mit dem fallenden Lineal nicht direkt gemessen. Stattdessen misst man die Streckenlängen, die die Reaktionsfähigkeit repräsentieren. Elektronische Testgeräte messen in Sekunden, die Ergebnisse der Fallversuche werden in Zentimetern angegeben. Will man die Ergebnisse beider Reaktionszeitmessungen miteinander vergleichen, muss man eine Umrechnung vornehmen.

Seit Galilei (1564–1642) weiß man, dass Körper nicht gleichmäßig fallen, sondern dass das Fallen eine beschleunigte Bewegung ist. Wenn ein Körper in einer Sekunde eine bestimmte Strecke fällt, dann ist er nach zwei Sekunden bereits viermal so tief gefallen. Den Zusammenhang zwischen Zeit und Fallstrecke beschreibt die folgende Gleichung:

$$s = 1/2\ g\ t^2$$

s = Weg in m
t = Zeit in Sekunden
g = Maß für die Erdbeschleunigung, d. h. 9,81 m/sec^2

Mithilfe der Formel kann man nun eine Wertetabelle aufstellen:

Zeit [sec]	0,05	0,10	0,15	0,20	0,25	0,30
Fallstecke [cm]	1,2	4,9	11,0	...	...	...

Von dieser Tabelle ausgehend lässt sich das Lineal **neu skalieren**, und es können dann „Zeiten“ statt Fallstrecken abgelesen werden.

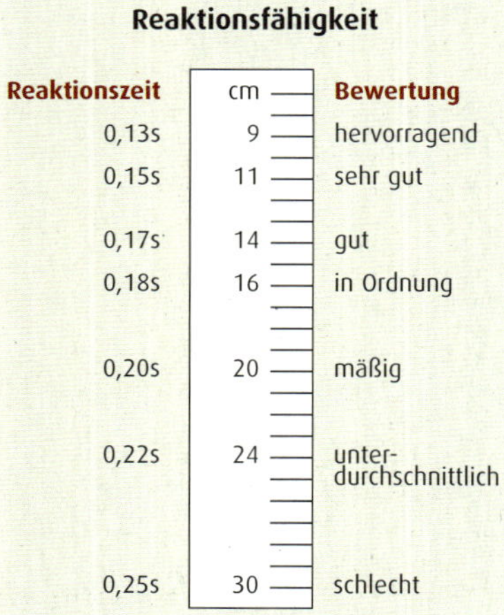

Solche Umrechnungen sind typisch für indirekte Messungen, bei denen das Messwerkzeug neu skaliert werden muss. In vielen Fällen gibt es jedoch keine Formeln, nach denen die Umrechnung und die neue Skalierung durchgeführt werden können. Dann muss das Messwerkzeug geeicht werden. Für die Messung der Reaktionszeit würde das bedeuten, dass man die Fallstrecken und parallel dazu die Fallzeiten mit einer Stoppuhr misst. Weil Einzelmessungen fehlerhaft sein können, werden die Messungen mehrmals wiederholt – auch für unterschiedliche Strecken bzw. Zeiten. Trägt man die ermittelten Werte auf ein Lineal oder eine Holzleiste auf, erhält man ein neu skaliertes Messinstrument. Das taugt dann allerdings nur für einen einzigen Zweck: nämlich zur Messung von Reaktionszeiten.

A

Leitfähigkeitsmessung in Lösungen

Ein Fluss, in dessen Nähe früher Kalisalze abgebaut wurden, wird bei heftigem Regen durch Einschwemmungen von Abraumsalzen belastet. Dabei werden zu etwa gleichen Teilen Natriumchlorid ($NaCl$) und Natriumsulfat (Na_2SO_4) gelöst. Als Höchstwerte wurden bisher Konzentrationen von maximal 5 g Kochsalz bzw. 5 g Na_2SO_4 pro Liter gemessen. Durch Leitfähigkeitsmessungen kann festgestellt werden, wann besonders hohe Belastungen auftreten und damit geeignete Maßnahmen eingeleitet werden müssen, z. B. das Abschalten von Uferfiltrationsanlagen weiter unten am Fluss, die überlastet werden könnten.
Das Prinzip der Leitfähigkeitsmessung ist denkbar einfach: Man taucht zwei Elektroden in eine Flüssigkeit. Dann wird eine Spannung angelegt, und man misst den daraufhin fließenden Strom bzw. den elektrischen Widerstand. In fast jeder Lösung sind nämlich Ionen enthalten, also elektrisch geladene Bestandteile von Salzen, Säuren oder Laugen. In Abhängigkeit von der Art dieser Stoffe und ihrer Konzentration ändert sich die Leitfähigkeit der Lösung.

Überlege, wie man die beiden folgenden pyhsikalisch-chemischen Hinweise in einer Messvorschrift zur Leitfähigkeitsmessung berücksichtigen würde. Wie müsste man das Messgerät konstruieren, damit immer gleiche Bedingungen gewährleistet werden?

- Eine elektrisch leitende Lösung hat ähnliche Eigenschaften wie ein leitender Feststoff. Je länger ein Leiter ist, desto größer wird der Widerstand. Bei einer Lösung beeinflusst der Abstand der Elektroden den gemessenen Wert.

- Bei einem festen Leiter fließt um so mehr Strom, je größer der Querschnitt ist. Bei der Leitfähigkeitsmessung beeinflusst die Größe der Oberfläche der sich gegenüber stehenden Elektroden die Messung. Daher kann auch die Eintauchtiefe der Elektroden das Messergebnis verändern.

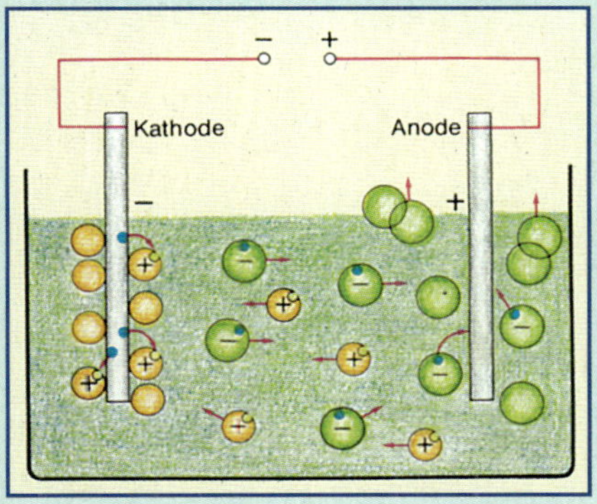

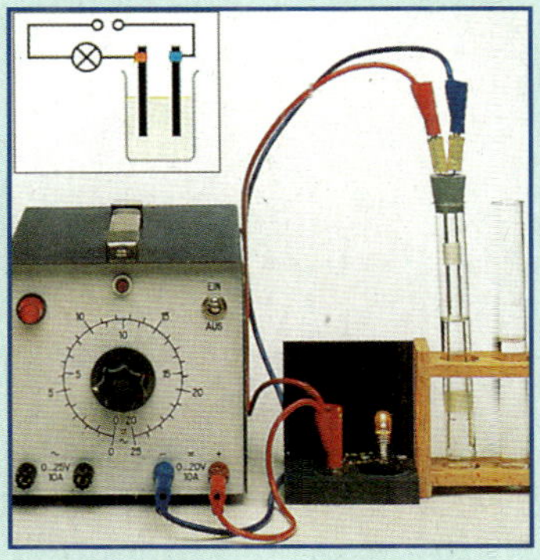

A

Das Hookesche Gesetz

Flugreisende achten in der Regel darauf, dass ihr Gepäck nicht mehr wiegt, als ohne Kostenaufschlag mitgenommen werden darf. Wie schwer ein Koffer ist, kann man z. B. mit einer Sackwaage kontrollieren. Dieses Messgerät besteht aus einer kräftigen Spiralfeder mit einem Haken. Daran ist ein Zeiger montiert, der auf einer Skala das Gewicht, die Masse, der angehängten Gepäckstücke anzeigt.
Das Prinzip der Waage besteht darin, dass die Spiralfeder durch die angehängten Gewichte gedehnt wird. Wie man erkennt, ist die Skala in gleichmäßige Abschnitte eingeteilt, d. h. ein Zentimeter entspricht auf der abgebildeten Waage etwa 5 kg. Mit anderen Worten: Wenn man das Gewicht verdoppelt, verdoppelt sich auch die Verlängerung der Feder.

Dieser Zusammenhang wurde erstmalig von dem englischen Physiker und Techniker Robert Hooke (1635–1703) formuliert:

It is evident that the Rule or Law of Nature in every springing body ist, that the force or power thereof to restore itself to its natural position is always proportionate to the distance or space it is removed therefrom.

(Robert Hooke 1675)

[Offensichtlich gilt für jeden federnden Körper die Regel oder das Naturgesetz, dass die Kraft oder Stärke, die ihn in seine natürliche Lage zurück versetzt, aus der er gebracht worden ist, immer proportional ist zu der Entfernung oder zum Abstand von dieser Lage.]

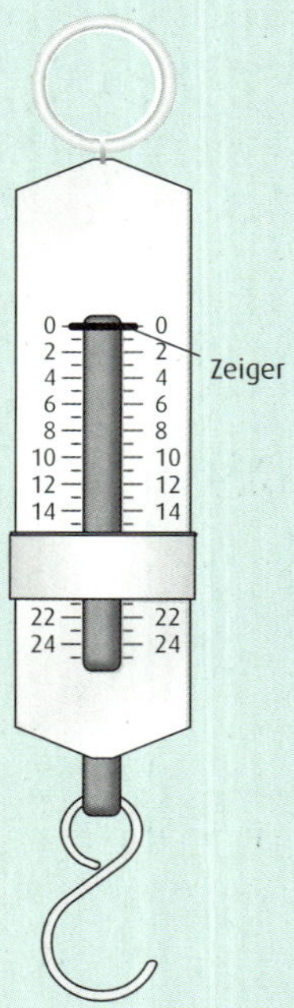

Hooke ging bei seinen Überlegungen von alltäglichen Erfahrungen aus, die er dann durch genauere Messungen überprüfte. Was er in seinen Versuchen vor mehr als 300 Jahren belegte, ist heute als Hookesches Gesetz bekannt: Die Rückstellkraft einer Feder ist proportional zu ihrer Auslenkung.

Mit Federwaagen, wie es sie in der Physiksammlung gibt, kann man praktisch beliebige Kräfte messen, z. B. auch, welche Kraft man braucht, um einen Menschen auf einem Brett über eine raue oder glatte Fläche zu ziehen. Allen diesen Kraftmessern ist gemeinsam, dass sie eine physikalische Eigenschaft ausnutzen – in diesem Fall die Dehnbarkeit von Stahldraht, der zu einer Spirale gebogen worden ist. Messungen mit solchen Metallspiralen liefern also indirekte Ergebnisse, eben eine Längen-Ausdehnung. Weil Hooke aber herausgefunden hat, dass diese Ausdehnung (in bestimmten Grenzen) proportional zur wirkenden Kraft ist, ist die gemessene Längenänderung indirekt ein Maß für die wirkende Kraft.

Überlege dir eine Mess- bzw. Versuchsanordnung, mit der man das Hookesche Gesetz überprüfen könnte.

Beachte Folgendes:

- Bei der Bestimmung des Nullpunktes kann es sinnvoll sein, die Feder zusammen mit der angehängten Gewichtshalterung zu betrachten.
- Die Längenveränderung der Feder sollte direkt und ohne Umrechnung abgelesen werden können.
- Vor jeder Messreihe sind Vorversuche zu unternehmen. Dabei sollte man z. B. testen, welche Gewichte zu welcher Feder passen.
- Ein (physikalisches) Gesetz beansprucht allgemeine Gültigkeit. Wenn man es überprüfen will, muss man mehr als einen Fall betrachten. So könnte man z. B. eine kurze dicke Spiralfeder und eine lange dünne untersuchen.

Führt man eine Messreihe zur Überprüfung des Hookeschen Gesetzes durch, notiert man die Versuchsergebnisse in einer Tabelle und stellt die Werte anschließend in einem Koordinatensystem graphisch dar.
Überlege dir, wie die Ergebnisse aussehen könnten!

- Was würde man auf der x- und was auf der y-Achse auftragen?
- Welche Art Graph erwartet man für den Fall, dass das Hookesche Gesetz gilt?
- Warum sind Abweichungen der gemessenen Werte von dem gedachten Graphen zu erwarten? Worauf sind sie vermutlich zurückzuführen?
- Inwiefern kann man anhand des Graphen nicht nur die Gültigkeit des Hookeschen Gesetzes überprüfen, sondern auch die Unterschiede zwischen verschiedenen Federn diskutieren?
- Wenn man den im Vorversuch als sinnvoll ermittelten Belastungsbereich überschreitet und die betreffenden Werte weiter in die Graphik einträgt, wird sich der Verlauf des Graphen deutlich verändern. Wie ändert sich der Verlauf des Graphen für die Auslenkung der Feder, wenn man sie überdehnt?
- Wie würde man vorgehen, um herauszufinden, ob das Hookesche Gesetz für alle elastischen Körper gilt?

Übrigens:
Spiralfedern kann man sich selbst herstellen. Wickle dazu Stahldraht von z. B. 0,4 mm Durchmesser Windung neben Windung stramm auf einen Stab von 10 mm Durchmesser.

A

Wie misst man die Zeit ohne Armbanduhr?

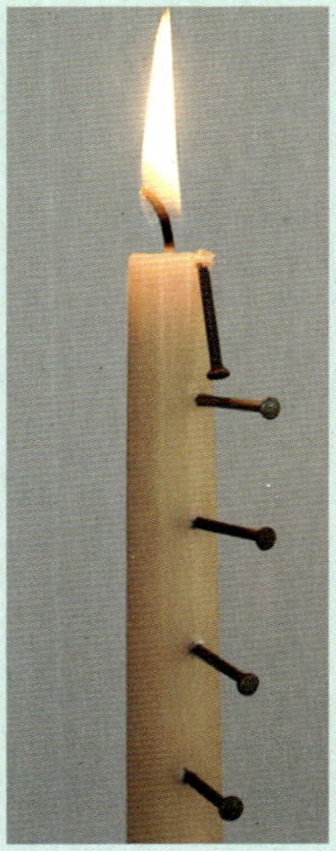

Die erste Uhr, an der Menschen den Lauf der Zeit ablasen, war die Sonne. Sowohl ihre tägliche Wanderung über den Himmel als auch die Änderungen des Sonnenstands im Verlauf eines Jahres flossen in die Zeitberechnungen aller Kulturen ein. Sonnenuhren sind aus dem 3. Jahrtausend vor Christus bekannt. Sie gehören damit zu den ältesten Zeugnissen der Zeitmessung.
Die Länge eines Tages wurde durch den Sonnenaufgang und ihren Untergang begrenzt. Den Zeitraum dazwischen unterteilte man zunächst in zehn „Stunden" und fügte später jeweils eine Stunde für die Morgen- und die Abenddämmerung hinzu. Da der natürliche Sonnentag im Sommer länger als im Winter ist, waren die zwölf Tagesstunden in Abhängigkeit von der Jahreszeit ungleich lang. Bezogen auf heutige Zeitmaße schwankte die Dauer zwischen 30 und 90 Minuten.
Für die Nachtstunden gab es zumindest für die Menschen, die sich eine Beleuchtung leisten konnten, ein ganz besonderes Messsystem: Man spickte Kerzen in regelmäßigen Abständen mit Nägeln und ließ sie während der Nacht abbrennen.

Beschreibe die Messprinzipien, die hinter den abgebildeten Uhren stehen.

- Welches ist das jeweilige Messinstrument?
- Was wird gemessen? Was ist die Maßeinheit?
- Wie könnte eine geeignete Messvorschrift lauten?
- Handelt es sich um eine direkte oder indirekte Messung?
- Falls es sich deiner Meinung nach um eine indirekte Messung handelt: Was wird womit verglichen?
- Wie kann die Uhr geeicht werden? Stelle eine eigene Eichvorschrift auf.
- Inwieweit macht das Messinstrument unabhängig von Sinneseindrücken?

Sanduhr für vier Viertelstunden, wahrscheinlich aus Frankreich, 19. Jh.

Ägyptische Wasseruhr mit zwölf Skalen im Innern (1400 v. Chr.)

Das Maß aller Dinge

- Messen bedeutet **Vergleichen**. Wenn man behauptet, dass ein Koffer doppelt so schwer ist wie ein anderer, wird keine Einheit angegeben. Darum wäre es schwierig, einen der beiden Koffer anschließend mit einem dritten zu vergleichen.

- Wenn man sich auf **Einheiten** für das Messen einigt, beispielsweise auf die Massen-Einheit Kilogramm, dann kann man über seine Messergebnisse sprechen, ohne dass die betreffenden Gegenstände greifbar sein müssen.

- Werden Einheitsgrößen verwendet, bedeutet Messen in der Regel **Zählen**: Legt man einen Koffer in eine Waagschale, zählt man, wie viele Einheitsgrößen man in die andere Waagschale legen muss, um sie auszubalancieren.

- Messen mit Einheitsgrößen macht unabhängig von Sinneseindrücken: Je länger man einen Koffer trägt, desto schwerer erscheint er; das Wiegen sorgt für eine **Objektivierung**.

- Im Alltag benutzt man Messwerkzeuge wie eine Personen- oder eine Küchenwaage, ohne groß darüber nachzudenken. In den Naturwissenschaften ist es oft von großer Bedeutung, dass man ein für den jeweiligen Messvorgang und das zu messende Objekt angemessenes **Messinstrument** wählt.

- Entscheidend für die Vergleichbarkeit einer Messung ist eine genaue **Messvorschrift**, in der alle Rahmenbedingungen festgehalten werden. Nur so kann man das Zustandekommen der Messergebnisse auch später noch nachvollziehen.

- Bei wissenschaftlichen Messungen ist unbedingt ein **Messprotokoll** zu führen. Darin werden nicht nur die Messergebnisse, sondern auch alle Randbedingungen einer Messung festgehalten, die von der allgemeinen Messvorschrift abweichen. Nur so kann man die Messungen zu einem anderen Zeitpunkt wiederholen und überprüfen.

- Will man gewonnene Messergebnisse systematisch auswerten, muss man sie darstellen. Ob man eine Tabelle oder einen Graphen als Darstellungsform wählt, hängt davon ab, wie die **Auswertung** erfolgen soll.

- Wie hoch die **Genauigkeit** eines Ergebnisses ist, hängt von vielen Faktoren ab, z. B. vom Messinstrument und der Messvorschrift. Oft spiegeln Ergebnisse mit vielen Stellen nach dem Komma eine Genauigkeit vor, die in Wirklichkeit nicht gegeben ist.

- Die zunehmend einfachere Bedienung von Computern verführt dazu, alles irgendwie Messbare zu messen und die erhaltenen Daten mithilfe fertiger Programme auszuwerten. Sinnvoller ist es, sich die **Fragestellung** und das Ziel einer Messreihe vorab bewusst zu machen.

- Nicht zuletzt bedeutet Messen oft auch einen **Eingriff** in das zu messende System – mit der Gefahr, dass die Messsituation ihr eigenes Ergebnis verfälscht: Angekündigte Blutdruckmessungen z. B. regen manche Patienten so auf, dass ihnen fälschlicherweise Bluthochdruck bescheinigt wird.

Die Wahrnehmung erweitern

Die menschlichen Sinne – Geschmack, Geruch, Gehör, der Tastsinn und das Sehen – haben sich im Laufe der Stammesgeschichte in Auseinandersetzung mit der Umwelt entwickelt. Vor allem seine hoch entwickelten Augen ermöglichen dem Menschen eine umfassende Wahrnehmung seiner Umgebung. Nicht von ungefähr fassen wir eine Aufgabe „ins Auge", „peilen" ein Ziel an, „betrachten" ein Problem aus verschiedenen Perspektiven und hüten uns wichtige wertvolle Dinge „wie unseren Augapfel". Doch so differenziert die Eindrücke auch sind, die unsere Sinnesorgane liefern: Ihre Wahrnehmungsbereiche sind begrenzt. Im Laufe seiner Geschichte und kulturellen Entwicklung hat der Mensch sich daher zunehmend Hilfsmittel geschaffen, die die Grenzen seiner Wahrnehmung erweitern.

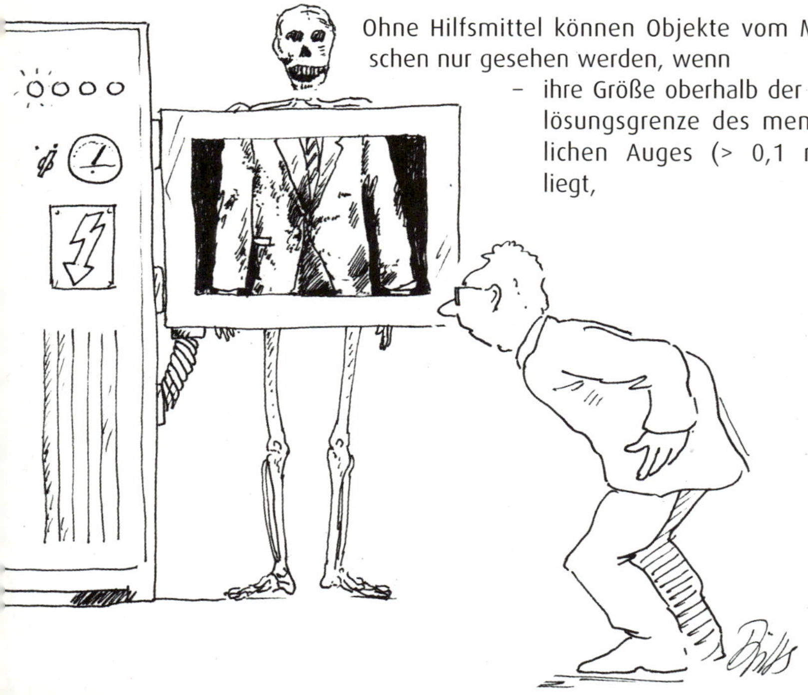

Ohne Hilfsmittel können Objekte vom Menschen nur gesehen werden, wenn

- ihre Größe oberhalb der Auflösungsgrenze des menschlichen Auges (> 0,1 mm) liegt,
- sie nicht von anderen Gegenständen verdeckt und von ihnen räumlich und zeitlich zu unterscheiden sind,
- sie genügend Licht, d. h. elektromagnetische Schwingungen von 400 bis 760 nm Wellenlänge, ausstrahlen oder reflektieren.

Ist eine dieser Bedingungen nicht erfüllt, so bedarf es gewisser Hilfstechniken und -mittel, um die Gegenstände dennoch sichtbar zu machen. Einige Objekte bzw. deren Bestandteile werden erst nach Vergrößerung, andere nach Anfärbung, also durch Kopplung mit farbgebenden Molekülen, sichtbar. Bestimmte Prozesse lassen sich nur in Zeitlupe erkennen, andere Vorgänge werden dagegen durch Zeitraffer-Aufnahmen besser wahrgenommen. Filtert man eine scheinbar einheitliche Bodenprobe, nimmt man plötzlich einzelne Partikel wahr, die in der Menge nicht auffielen. „Unsichtbare" Bakterien lassen sich auf einem Nähragar vermehren, bis der dichte Bakterienrasen mit dem bloßen Auge zu erkennen ist.

Bei manchen dieser Methoden bleibt das Objekt unbehelligt, bei anderen besteht zumindest die Gefahr, dass der Eingriff den betrachteten Gegenstand verändert: Die Jahrringe eines Baumes lassen sich nur dann betrachten und auszählen, wenn man den Baum fällt – und damit die Ausbildung eines weiteren Jahrrings verhindert. Andere Strukturen werden dagegen allein durch die Art der Beleuchtung besser sichtbar: Im Durchlicht werden z. B. Blattnervaturen und Samen in Schötchen deutlicher. Seitlicher Lichteinfall betont dagegen durch Schattenwurf feinste Erhebungen wie z. B. Pflanzenhaare.

Überlege: Was bleibt deinen Augen trotz aller Hilfsmittel verborgen und warum? Welche Einschränkungen gibt es für die anderen Sinne?

Was kannst du nicht riechen, nicht schmecken, nicht fühlen?

Wie könnte man die nicht wahrnehmbaren Gegenstände und Phänomene gruppieren bzw. ordnen?

Suche ein System! Beschreibe und begründe deine Kriterien.

Gibt es Lebewesen, die die Stoffe, Gegenstände oder Phänomene wahrnehmen können, die dem Menschen verborgen bleiben?

Wie sind ihre Wahrnehmungsorgane gebaut?

Vergrößern mit Mikroskop, Lupe und Fernrohr

Die einfachste und zugleich häufigste Möglichkeit etwas sichtbar zu machen, was dem Auge zuvor nicht zugänglich war, ist die optische Vergrößerung. Bereits die alten Römer verwendeten geschliffene Glasstücke als Sehhilfen zum Lesen und im Kunsthandwerk, aber erst im 16. Jahrhundert wurden Lupen zur Naturerforschung benutzt. Durch die Kombination mehrerer Linsen entstanden um 1630 die ersten Mikroskope. Erst damit war man in der Lage, Pflanzenteile stark zu vergrößern, das Leben im Wassertropfen zu untersuchen oder die Gewebe von Tieren zu studieren.

Beim Vergrößern sieht man nicht nur ein und dasselbe Objekt größer als mit dem bloßen Auge, vielmehr erkennt man mit der Lupe und schließlich mit dem Mikroskop Strukturen, die zuvor nicht wahrnehmbar gewesen sind. Als einer der ersten hat der englische Physiker und Techniker Robert Hooke (1635–1703) solche Betrachtungen an Kork durchgeführt. Hooke nannte das, was er sah, zunächst „little boxes", später „Zellen". Obwohl Hooke wie jeder andere, der durch ein Mikroskop sieht, nur Strukturen in der Fläche erkennen konnte, interpretierte er seine Beobachtungen räumlich (Zelle von lat. cellula = kleine Kammer).

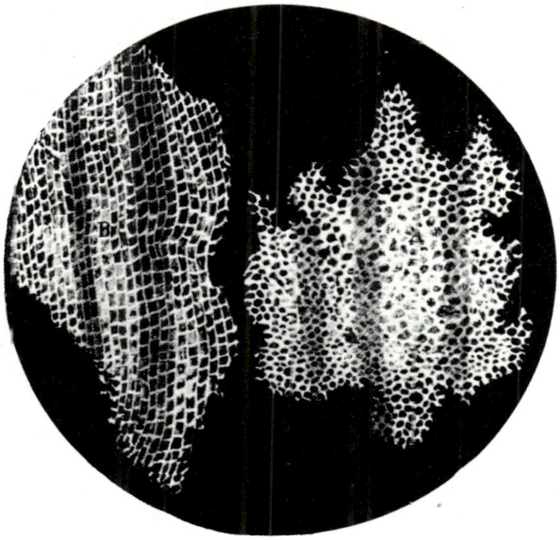

Für das Herstellen und Mikroskopieren biologischer Präparate gibt es eine Reihe von Regeln, deren Bedeutung man sich selbst erschließen kann:

1. Zwischen Objektträger und Deckglas muss man immer etwas Flüssigkeit geben. Die Flüssigkeit verhindert das Austrocknen des Präparates.

   Welche Bedeutung hat die Flüssigkeit noch? Mikroskopiere mit und ohne Befeuchtung!

2. Um ein Präparat zu untersuchen, stellt man zunächst immer die kleinste Vergrößerung ein. Dann wählt man schrittweise Objektive mit zunehmender Vergrößerung.

   Warum wohl?

3. Experten empfehlen, jedes Präparat bei verschiedenen Beleuchtungen zu betrachten.

   Wie ändert sich das Bild, wenn das Licht von unten kommt bzw. von der Seite?

Herstellen einfacher Präparate fürs Mikroskop

Die Erfahrungen von Robert Hooke, der im 17. Jahrhundert als erster die Struktur pflanzlicher Zellen beschrieben hat, kann man selbst nachvollziehen, wenn man ein Stück Flaschenkorken mit dem Mikroskop betrachtet. Der ganze Korken ist allerdings viel zu dick. Das Licht kann beim Mikroskopieren nicht hindurchscheinen. Deshalb muss man Scheibchen abschneiden. Beim festen Kork ist das Herstellen dünner Schnitte ziemlich leicht. Auch bei Küchenzwiebeln lassen sich auf einfache Weise dünne Zellschichten gewinnen, indem man die durchsichtigen Häutchen von den fleischigen Schalen abzieht. Um Schnitte von weichem Pflanzenmaterial anzufertigen, benötigt man jedoch Hilfsmittel, z. B. ein Schneidegerät aus einer Garnrolle.

DU BRAUCHST:

1 leere Garnrolle
1 Schraube mit Mutter
1 Rasierklinge
1 Pinsel
1 Rasierklinge
1 Objektträger
Deckgläser

1

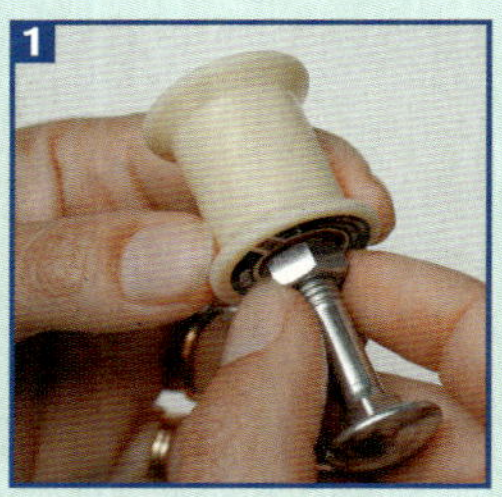

1. Nimm die leere Garnrolle sowie die Schraube mit Mutter. Das Gewinde der Schraube muss genau in das Loch der Garnrolle passen.

2

2. Schneide ein Stück von einem Pflanzenstängel ab und schiebe es in das Loch der Garnrolle.

3

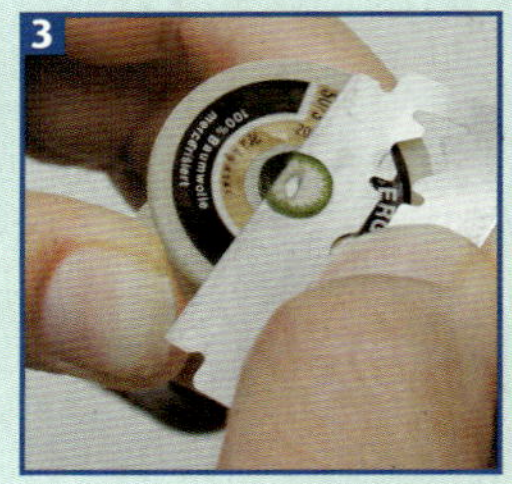

3. Drehe so lange an der Schraube, bis der Stängel ein Stück aus dem Loch herausschaut. Fertige nun einen Schnitt an, indem du die Rasierklinge ganz flach und gleichmäßig über die Garnrolle ziehst.

4

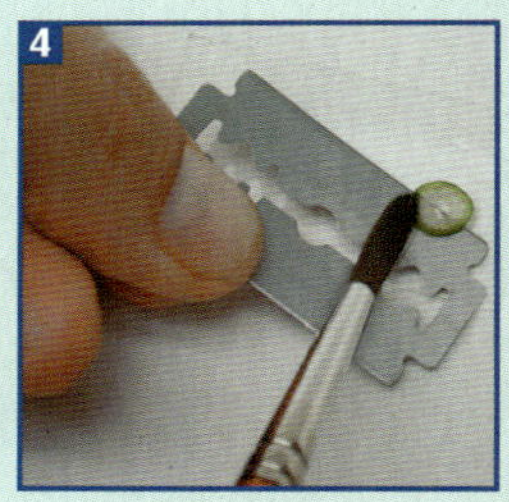

4. Der Schnitt wird mit einem Pinsel oder einer Nadel aufgenommen und auf einen Objektträger aus Glas aufgebracht.

5

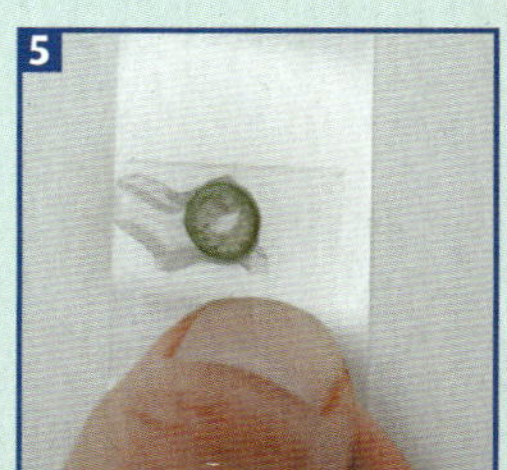

5. Befeuchte den Schnitt mit Wasser und lege ein Deckglas darauf. Betrachte das Zellgewebe mit dem Mikroskop.

Überhaupt sollte man bei der Interpretation eines mikroskopischen Befunds immer an den Satz von Goethe denken: „Man sieht nur das, was man weiß.“ Die Bedeutung dieses Ausspruchs wird klar, wenn man ein Foto und eine zeichnerische Darstellung ein und desselben Präparats betrachtet: Während im Foto relativ unterschiedslos wiedergegeben wird, was optisch erfasst werden kann, werden beim Zeichnen wichtige Strukturen hervorgehoben. Was dabei wichtig ist, entscheidet der Betrachter – er sieht, was er zu sehen erwartet hat, und deutet dabei die Strukturen seinen Kenntnissen entsprechend. Noch heute spielt das Zeichnen von Präparaten deshalb eine wichtige Rolle. Allerdings muss man sich als Wissenschaftler bewusst sein, dass sich beim Zeichnen Beobachtung und Interpretation vermischen.

- Suche Beispiele dafür, dass man nur das sieht, was man erwartet!

- was siehst du: eine Landkarte, ein Fleckenmuster, ein Tier?
- Hättest du das, was du siehst, auch gesehen, wenn es dir noch nie zuvor begegnet wäre?

Das Beispiel „Zelle und Mikroskop“ zeigt auch, dass technische Hilfsmittel alleine nicht zwangläufig zu neuen Erkenntnissen und zur Entwicklung neuer Theorien führen. Zwar ist die Vorstellung von Zellen als struktureller und funktioneller Einheit aller Lebewesen heute eine wichtige Grundlage z. B. für die Erklärung von Wachstumsvorgängen durch Zellteilung. Von der Entdeckung der Zellen durch Hooke bis zur Formulierung einer allgemeinen Zelltheorie, die die Zelle als gemeinsamen Baustein alles Lebendigen ansah, vergingen allerdings 170 Jahre.

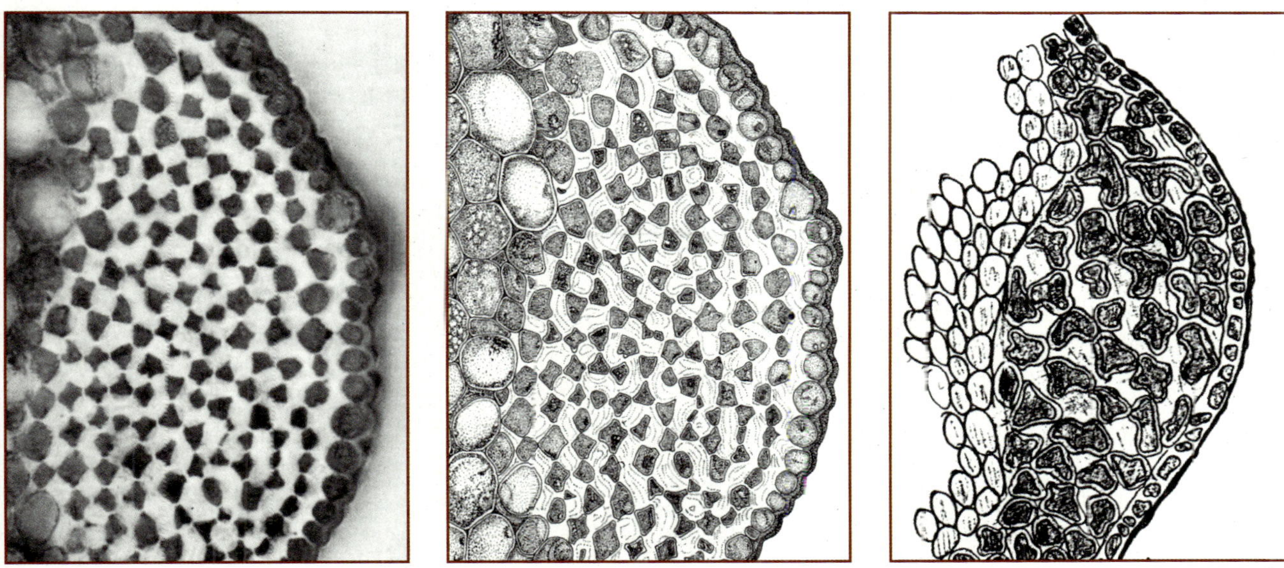

a. Foto **b. Wissenschaftliche Zeichnung** **c. Laienzeichnung**

Schnitt durch den Stängel einer Taubnessel

Besonders schwierig ist die Bild-Interpretation bei hochauflösenden „Vergrößerungsmethoden“ wie der **Elektronenmikroskopie**. Während man mit dem Lichtmikroskop ein Präparat noch direkt mit dem Auge sieht, wird das Objekt mit dem Elektronenmikroskop elektronisch abgetastet. Aus den erhaltenen Werten wird dann ein Bild konstruiert. Dieses Bild kann man zwar auf einem Schirm betrachten oder fotografieren, in gewisser Weise hängt die Darstellung aber von den Eigenschaften und den Einstellungen der Apparatur ab. Noch mehr als beim „klassischen“ Mikroskopieren ist die Deutung einer EM-Aufnahme deshalb eng damit verbunden, unter welchen theoretischen Vorstellungen und mit welchen Erwartungen das Bild betrachtet wird.

Nicht selten führen die benutzten Präparations- und Kontrastierungstechniken zu so genannten Artefakten – Strukturen, die nicht real existieren, sondern die z. B. durch die chemische Fixierung oder das Gefrieren eines Präparats zustande kommen. Andersherum kann die übliche Gold-Bedampfung von EM-Präparaten bei zu dickem Auftragen Strukturen verbergen, von denen man dann möglicherweise glaubt, dass sie gar nicht existieren. Die Wissenschaftler mussten erst lernen, natürliche und Kunst-Strukturen zu unterscheiden. Zudem muss man bedenken, dass durch die Präparationstechniken Zellen und Gewebeteile abgetötet werden. Was man also „sieht“, sind keine lebenden Strukturen.

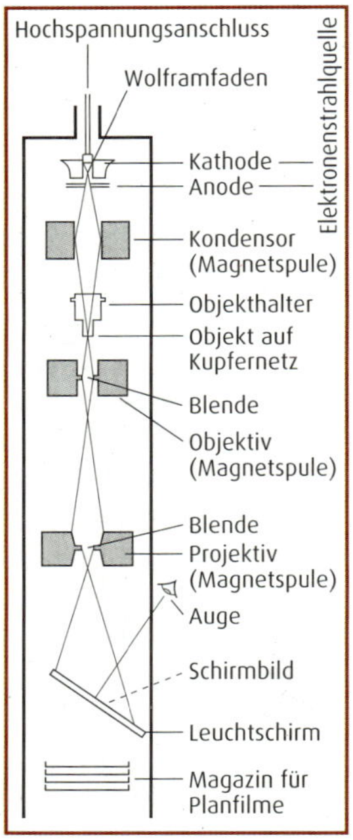

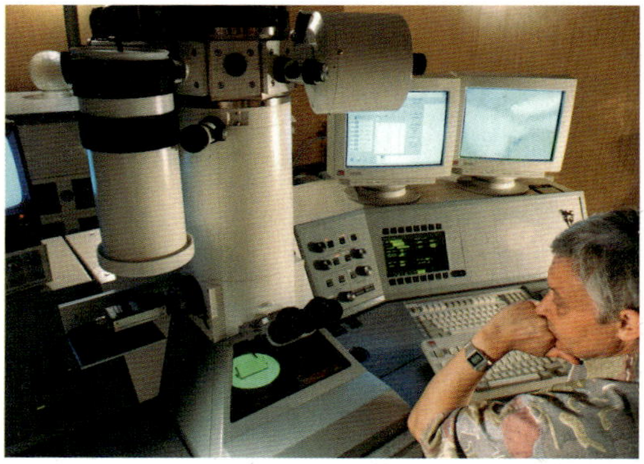

Ein Elektronenmikroskop tastet das Objekt elektronisch ab. Daraus wird ein Bild konstruiert.

Mit Lupe und Mikroskop werden Strukturen, die zu klein sind, um mit bloßem Auge gesehen zu werden, vergrößert und der Wahrnehmung zugänglich gemacht. Ganz ähnlich funktionieren Fernglas, Fernrohr und Teleskop. Zwischen dem Blick in den Mikrokosmos und dem in den Himmel gibt es jedoch einige wesentliche Unterschiede:

1. Beim Mikroskopieren werden die zu beobachtenden Gegenstände oft präpariert, d. h. auf besondere Weise vorbereitet.
   Wie ist es bei der Himmelsbeobachtung?
2. Mithilfe von Lupe und Mikroskop werden Details und Strukturen sichtbar, die man mit bloßem Auge nie sehen könnte.
   Gilt das auch für die Beobachtung von Himmelskörpern mit dem Fernrohr?
   (Wenn du die Frage nicht beantworten kannst, informiere dich im Internet über die Geschichte der Beobachtung und Erforschung der so genannten Mars-Kanäle. Dann wird dir der Unterschied klar werden.)
3. Der Blick in den Himmel, ob mit oder ohne Instrumente, ist immer auch ein Blick in die Vergangenheit.
   Warum trifft diese Aussage für das Mikroskopieren nicht zu?
4. Ähnlich wie beim Mikroskopieren werden optische Himmelsbeobachtungen zunehmend durch Instrumente unterstützt, die in anderen Wellenbereichen arbeiten und z. B. Infrarot-, Ultraviolett-, Röntgenstrahlen oder Gammastrahlen nutzen.
   Wo liegt der grundsätzliche Unterschied zwischen Beobachtungen im Mikro- und Makrokosmos?

Magnetismus: Unsichtbares sichtbar machen

Beim Sichtbarmachen durch Vergrößern kann man sich noch vorstellen, dass der Beobachter nur genügend klein sein bzw. ein entsprechendes Auflösungsvermögen besitzen müsste, um die dem menschlichen Auge unsichtbaren Details wahrnehmen zu können. Neben dem „Zu-Kleinen" gibt es Phänomene, die sich der unmittelbaren Beobachtung mit dem Auge ganz entziehen und nur indirekt wahrgenommen werden können.

Das Phänomen des Magnetismus ist schon seit vielen Jahrhunderten bekannt: Seit Beginn der Meeresschifffahrt berichteten Seefahrer von „Magnetbergen", die ihre Schiffe unwiderstehlich anzogen, die Nägel aus dem Holz rissen und so die Schiffe zerstörten. Schon früh wurde aber auch der praktische Nutzen dieser Kräfte erkannt, zunächst ohne dass man sich das Phänomen erklären konnte: Mit der Verwendung magnetisierter Nadeln, die sich stets nach Norden ausrichten, weil die Erde in ihr eigenes Magnetfeld gehüllt ist, war der Kompass geboren – eine unverzichtbare Navigationshilfe auf allen Weltmeeren.

Das Wesen und die Funktionsweise des Magnetismus blieb lange Zeit ein Rätsel. Erst Anfang des 19. Jahrhunderts konnte der dänische Physiker Oersted zeigen, dass ein stromdurchflossener Leiter immer ein Magnetfeld erzeugt (vgl. S. 45). Oersteds Versuche legten die Grundlage für die Entwicklung von Elektromagneten, die heute eine wichtigere Rolle als die Permanentmagneten spielen: Sie sind das Kernstück von Magnetkränen und Transformatoren, sie wirken in Relais und lenken in Fernsehröhren den Kathodenstrahl ab.

Obwohl die menschliche Wahrnehmung nicht auf magnetische Felder anspricht, gibt es doch Wechselwirkungen zwischen Magnetfeldern und dem menschlichen Körper (natürlich auch mit anderem organischen Gewebe). Diese Tatsache macht man sich in der Medizin zunutze. Die Kernspintomographie z. B. arbeitet mit einem starken Magnetfeld. Mit dieser Untersuchungsmethode können ohne direkten Eingriff in den Körper Veränderungen an Organen festgestellt werden.

Ein Kernspintomograph ist eine Zusammenstellung aus einer Anlage, die ein starkes Magnetfeld erzeugt, einer Art Antenne zum Senden und Empfangen von Radiowellen sowie einem Computer mit einem Bildberechnungsprogramm.

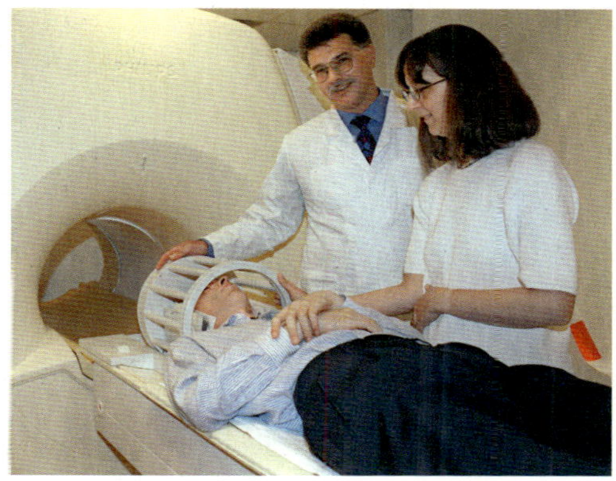

Die im Organismus enthaltenen (positiv geladenen) Kerne der Wasserstoffatome, die Protonen, verhalten sich in einem starken Magnetfeld ähnlich wie Eisenspäne in der Nähe eines Stabmagneten: Sie orientieren sich überwiegend in eine Richtung. Auf die so ausgerichteten Protonen lässt man nun eine Art von Radiowellen einwirken; dabei nehmen die Protonen Energie auf und werden dadurch etwas aus ihrer bevorzugten Richtung abgelenkt. Nach dem Abschalten der Radiowellen kehren die Protonen in ihre Ausgangsposition zurück und geben dabei die aufgenommene Energie in Form schwacher Radiowellen wieder ab. Diese Signale werden von einer Antenne aufgefangen und durch ein computergestütztes Rechenverfahren in ein Bild umgesetzt. Je nach Gewebe ist die Verteilung bzw. Dichte der Protonen unterschiedlich, so dass man im berechneten Bild die Organe als räumliche Strukturen erkennen kann. Sind sie auf irgendeine Weise verändert, dann wird dies im Tomogramm sichtbar.

Kernspintomograph – Einsatz von Magnetfeldern im Dienste der Medizin

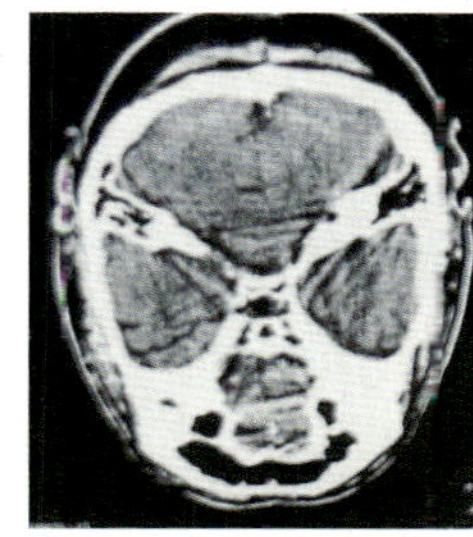

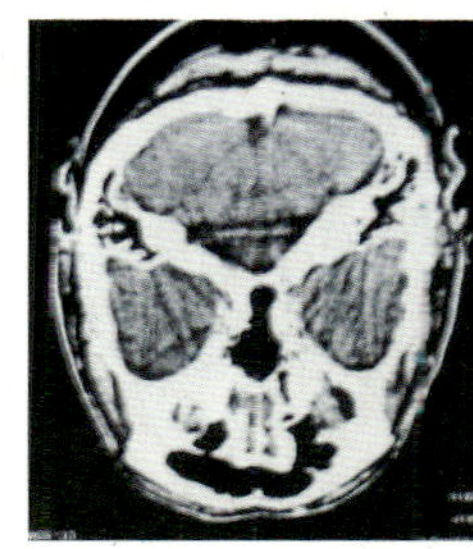

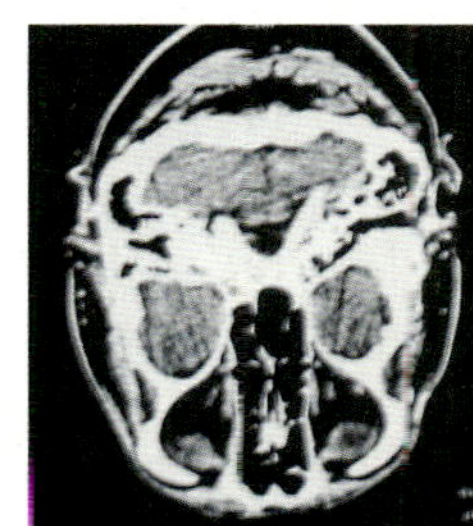

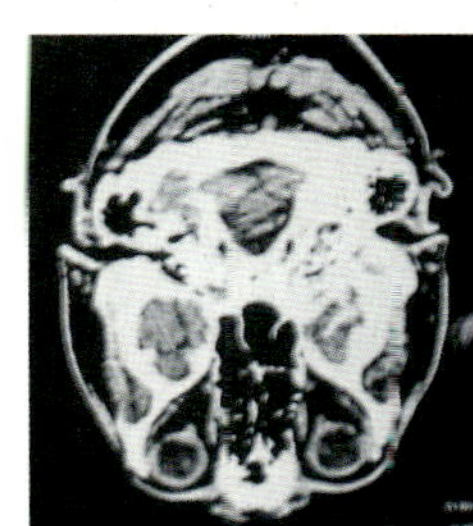

A Magnetismus – die „unsichtbare" Kraft

Eine magnetisierte Nadel bzw. ein Kompass stellt ein empfindliches Instrument dar, mit dem man das Phänomen des Magnetismus untersuchen kann.

Stell' dir vor, du hättest beliebig viele Kompassnadeln zur Verfügung und würdest sie über die gesamte Erdoberfläche verteilen. Was könntest du beobachten?

- Welchen Standpunkt müsstest du dazu einnehmen?
- Wie kannst du das gleiche Ergebnis mit nur einem einzigen Kompass erhalten? Welche Maßnahmen musst du treffen, um zu einem gesicherten Ergebnis zu kommen?
- Weshalb haben die Seefahrer früherer Zeiten vermutlich noch keine realistische Vorstellung vom Magnetismus entwickelt?

Wie du siehst, lässt sich mit einem Kompass die Wirkung des erdmagnetischen Feldes an einer Stelle sichtbar machen. Bei entsprechender Versuchsplanung erfährt man außerdem etwas über die Struktur des Magnetfeldes über die gesamte Erdoberfläche hinweg. Um aber, wie wir es heute tun, von einem Erdmagnetfeld zu sprechen, muss man aus diesen indirekten Beobachtungen ein Modell entwickeln, das eine Interpretation und Vorhersage von magnetischen Erscheinungen erlaubt.
Die Erde und ihre magnetische Achse kannst du mit einem Stabmagneten und Eisenfeilspänen nachstellen. Ein Papier oder eine durchsichtige Folie zwischen Magnet und Spänen verhindert, dass die Eisenteile an den Polen haften bleiben.

Bewege den Stabmagneten unter einer Folie mit Eisenfeilspänen in verschiedene Richtungen und beobachte die Veränderungen.

- Welche Rolle haben die Eisenfeilspäne in dem Experiment?
- Wie unterscheidet sich das Bild an den Polen von der Mitte des Magneten?
- Wie könnte man aus den einzelnen Bildern ein Modell eines „Magnet-Feldes" entwickeln? Wie sieht dieses Modell aus?
- Kann man Aussagen über die Richtung des Feldes machen?
- Welche Rolle spielt die Entfernung? Was könntest du aus deinen Beobachtungen für den Fall ableiten, dass ein Raumfahrer in 50000 km Entfernung von der Erde versucht, einen Kompass zu benutzen?

A Wie funktioniert Magnetismus?

Eine wichtige Entdeckung bei der Erforschung des Magnetismus gelang dem dänischen Physiker Hans Christian Oerstedt (1777–1851). Mit der folgenden Versuchsanordnung kann man seine Entdeckung nachvollziehen:

1. Ein mit einer Spannungsquelle verbundener Leitungsdraht wird zwischen zwei isolierte Stative aufgespannt.

2. Eine Kompassnadel wird nah an den Draht gebracht, ohne ihn zu berühren.

3. Schaltet man den Strom ein, wird die Nadel aus der Nord-Süd-Richtung ausgelenkt. Wird der Strom unterbrochen, pendelt sie schließlich wieder in die alte Richtung zurück und kommt zur Ruhe.

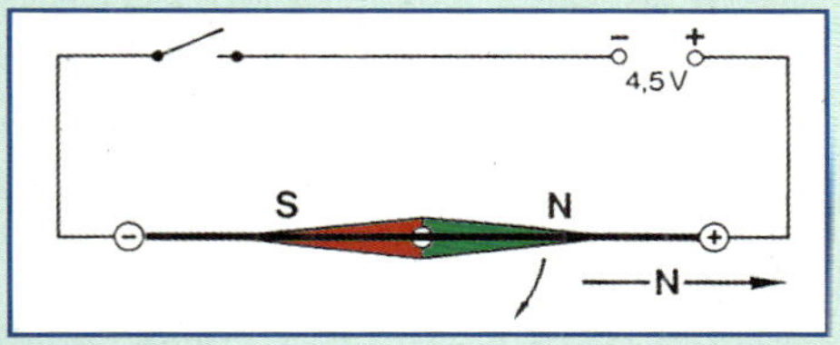

Verändere den Ort der Kompassnadel und beobachte, was jeweils beim Ein- und Ausschalten des Stroms geschieht.

Was passiert,
- wenn du die Entfernung der Magnetnadel zum stromdurchflossenen Leiter variierst?
- wenn du die Magnetnadel mal rechts, mal links, mal über und mal unter dem Leiter aufstellst?
- wenn du den Plus- und den Minuspol des Leiters vertauschst?
- wenn du die Stromstärke änderst?

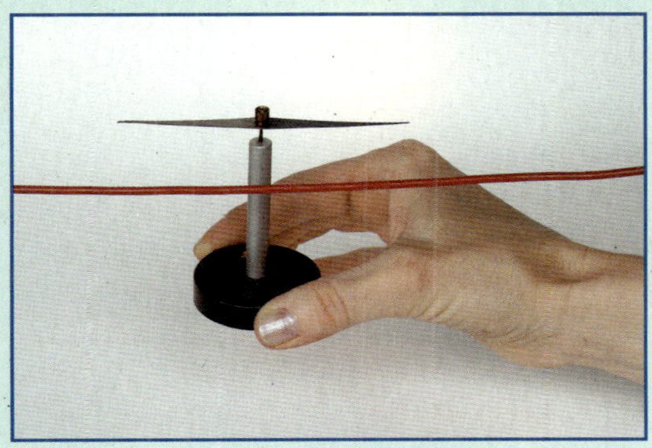

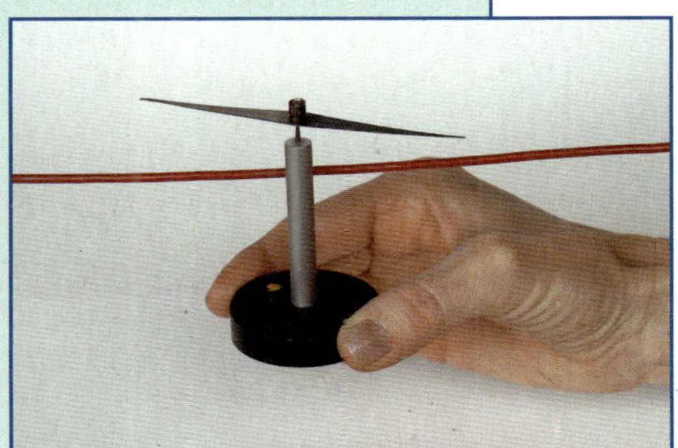

Chemische Stoffe nachweisen

Silberchlorid-Niederschlag im Reagenzglas – eine typische Fällungsreaktion

Ebenso wenig wie Menschen magnetische Felder „sehen", können sie chemische Substanzen allein mithilfe ihrer Sinnesorgane erfassen und unterscheiden. Deshalb haben Chemiker ein System von zusätzlichen Wahrnehmungsmöglichkeiten entwickelt, das darauf beruht, Stoffe durch ihr Verhalten gegenüber bekannten anderen Substanzen zu charakterisieren und zu identifizieren. Solche Tests nennt man Nachweisreaktionen.

Ein Beispiel: Gibt man zu einer Wasserprobe, die Chlorid enthält, etwas gelöstes Silbernitrat, dann bildet sich umgehend ein charakteristischer wolkig weißer Niederschlag von Silberchlorid.

Nachweisreaktionen dieser Art heißen Fällungsreaktionen: Fällt bei der Zugabe eines Fällungsreagenz Y ein bestimmter Niederschlag aus, dann bedeutet das: „Die Lösung enthält die Substanz X."

Farbiges Feuerwerk durch Alkali- und Erdalkaliverbindungen

Beim Anblick des Silberchlorid-Niederschlags weiß der Untersuchende allerdings noch nicht, ob ursprünglich in der Lösung Natriumchlorid (Kochsalz), Kaliumchlorid oder etwa Bariumchlorid enthalten war. Um diese Frage zu lösen, müsste man nun Untersuchungen mit weiteren Fällungsreagenzien anschließen, was im Fall von Natrium- und Kaliumsalzen allerdings nicht so einfach möglich ist. Allerdings unterscheiden sich Natrium- und Kaliumsalze deutlich, wenn man sie in eine sehr heiße Flamme bringt: Natriumsalze färben die Flamme gelb, Kaliumsalze fahlviolett.

Schon die Chinesen der Sung-Zeit (9.–11. Jahrhundert n. Chr.) wussten, dass verschiedene Salze in einer heißen Flamme unterschiedliche Färbungen hervorrufen. Aus dieser Kenntnis heraus entwickelten sie im Laufe der Jahrhunderte eine beeindruckende Feuerwerkskultur. Das Licht von orangenen Straßenlampen (Natriumdampflampen) und von bestimmten Halogenscheinwerfern beruht auf der gleichen Erscheinung.

In der Chemie können vor allem die Alkalimetalle (1. Hauptgruppe) und die Erdalkalimetalle (2. Hauptgruppe) bzw. ihre Salze durch Flammenfärbung nachgewiesen werden.

Ebenso wie man das Licht untersuchen kann, das von einem Element in einer Flamme ausgesendet wird, kann man das **Licht** analysieren, das **von fernen Sternen** zu uns gelangt. In der glühenden äußeren Hülle eines Sterns herrschen ähnliche Bedingungen wie in einer Flamme: Die Elektronen der verschiedenen Elemente werden angeregt, und das ausgesandte Licht zeigt eine bestimmte spektrale Zusammensetzung. Daraus kann man schließen, welche Elemente dort vorkommen und in welcher Phase seines „Lebens" sich ein Stern befindet.

Aus den spektralen Daten vieler beobachteter Sterne und anderen astronomischen Feststellungen hat man Modelle zur Entstehung und zur Geschichte des Weltalls entwickelt. So hat eine vergleichsweise einfache Methode zur Identifizierung chemischer Substanzen zu einer entscheidenden Erweiterung und Veränderung des Weltbildes beigetragen.

A Identifikation von Stoffen durch Flammenfärbung

1. Löse das zu untersuchende Salz in möglichst wenig Wasser. Löst sich eine Substanz nicht, so kannst du mit dem festen Salz weiterarbeiten.
2. Tauche ein Magnesiastäbchen oder eine Magnesiarinne in ein Schälchen mit Salzsäure (Magnesiumoxid schmilzt nur schwer). Glühe sie dann in der nicht-leuchtenden Flamme des Bunsenbrenners aus.
3. Nimm mit dem Stäbchen oder der Rinne etwas von der gelösten (oder festen) Probe auf und halte sie in den Saum der Flamme. Je nach Substanz siehst du eine charakteristische Färbung (vgl. Tabelle).
4. Tauche das Magnesiastäbchen oder die -rinne nach jeder Einzeluntersuchung erneut in Salzsäure und glühe sie so lange aus, bis die Flamme nicht mehr gefärbt ist.

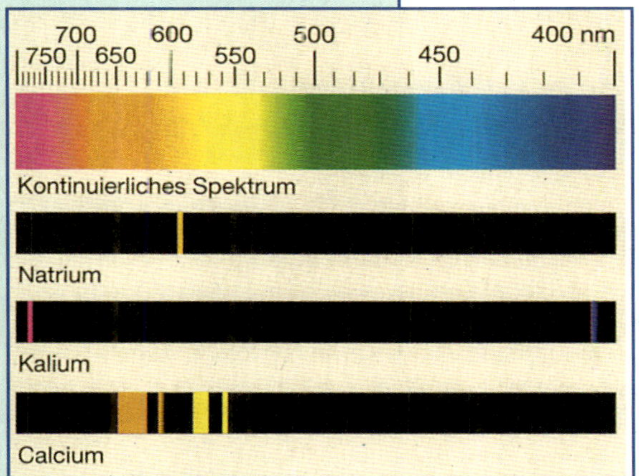

Element	Flammenfärbung
Natrium	Orange
Kalium	Fahlviolett
Calcium	Ziegelrot
Barium	Blassgrün

Während die Einzelsubstanzen jeweils eine eindeutige Flammenfarbe ergeben, kann die Zusammensetzung eines Salzgemisches nicht mehr mit bloßem Auge erkannt werden: Die Färbungen der Flamme durch die einzelnen Stoffe überlagern sich; das Auge ist nicht in der Lage, die Mischfarbe in zu zerlegen.

Überlege: Weshalb benutzt man gelegentlich ein tiefblau gefärbtes Kobaltglas, um damit die Flamme zu betrachten? Hilfe: Dunkelblau ist die Komplementärfarbe zu Orange.

Wegen der Unmöglichkeit der Beurteilung von Gemischen durch das menschliche Auge verfeinert man die Untersuchung der Flammenfärbung, indem man ein Spektroskop benutzt.

Überlege: Welche Funktion hat das Prisma im Spektroskop?

Betrachtet man eine gefärbte Flamme durch das Spektroskop, dann sieht man auf einem ansonsten schwarzen Schirm einzelne farbige Linien. Jedes Element, das in der Flamme eine sichtbare Färbung verursacht, zeigt dabei ein charakteristisches Muster von farbigen Linien. Vergleicht man die Linien mit einer geeichten Skala, kann man sie Wellenlängen zuordnen und mithilfe von Vergleichsdaten die betreffenden Komponenten identifizieren.

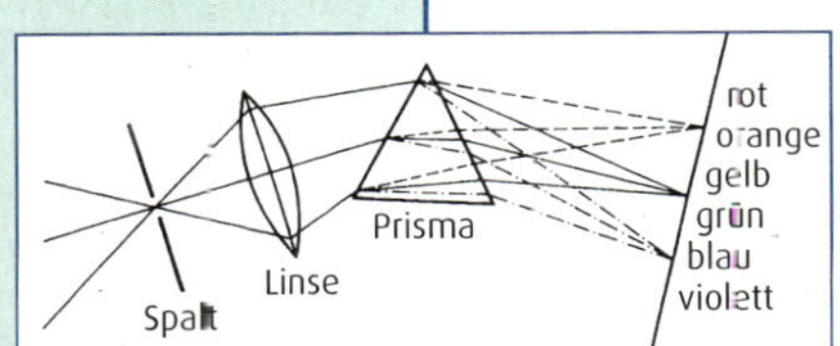

Lichtzerlegung durch ein Prisma

A Radioaktivität – ein weiteres unsichtbares Phänomen

Eines der Phänomene, das von den menschlichen Sinnesorganen nicht erfasst wird, ist die Radioaktivität. Nach dem Reaktorunfall von Tschernobyl im Jahre 1986 gab es das geflügelte Wort: „Man sieht sie nicht, man schmeckt sie nicht, man riecht sie nicht, und trotzdem ist sie da."
Wie andere „unsichtbare" Phänomene lässt sich die Radioaktivität nur indirekt durch ihre Wirkungen erfassen und beschreiben.

Beschreibe: Wie wird die unsichtbare Radioaktivität sichtbar und z. T. gezielt genutzt?

- Ihre Entdeckung Ende des 19. Jahrhunderts verdankt die Radioaktivität einem Zufall: Ein Stück Pechblende, ein uranhaltiges Mineral, schwärzte eine Fotoplatte. Heute verwendet man zum Nachweis und zur Messung von Radioaktivität so genannte Geiger-Zähler. Bei diesem Messinstrumenten löst die energiereiche Strahlung einer radioaktiven Substanz eine Entladung eines Kondensators aus, die akustisch in ein Knackgeräusch übersetzt wird.
- Wie andere unsichtbare Phänomene auch kann man die Radioaktivität als Untersuchungsmittel einsetzen. Im medizinischen Bereich werden schwach radioaktive Präparate verabreicht. Anschließend untersucht man ihre Verteilung im Körper (Szintigrafie/Szintigramm). Allerdings erhält der untersuchende Arzt kein unmittelbares Bild eines Organs, vielmehr werden die Werte erst im angeschlossenen Computer zu einem Bild zusammengesetzt.
- Die lebensschädigende Wirkung radioaktiver Strahlung wird gezielt genutzt, etwa bei der Strahlentherapie von Krebs oder bei der Konservierung von Lebensmitteln.

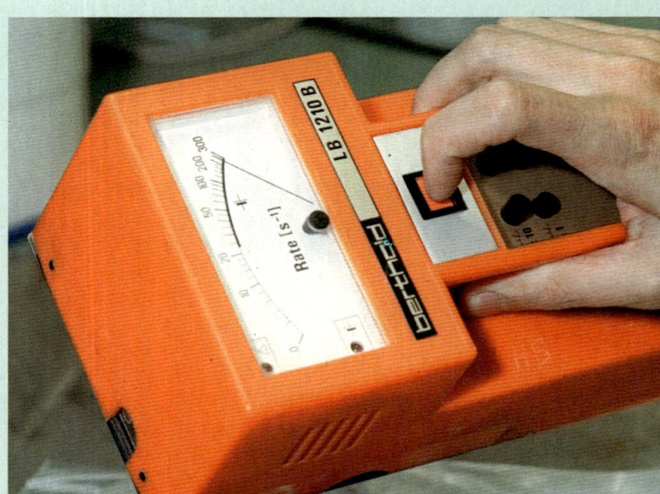

Geigerzähler

Wahrnehmungsgrenzen überschreiten

Technische Hilfsmittel ermöglichen die Erweiterung der menschlichen Wahrnehmung vor allem in zwei Richtungen:

- Zum einen werden die natürliche Auflösungsgrenze und die Reichweite der Sinnesorgane vergrößert: Mikroskop und Fernrohr ergänzen den „optischen Apparat" des Auges. Mikrofone und Lautsprecher verbessern die Leistungsfähigkeit des Gehörs, und spezielle Spürgeräte (oder lebende Spürhunde) registrieren Gase in einer Verdünnung, die der Mensch nicht mehr erschnuppern kann.

- Zum anderen werden Phänomene erschlossen, die den menschlichen Sinnen nicht direkt zugänglich sind. In solchen Fällen lassen sich aus gezielt hervorgerufenen Reaktionen – etwa bei Magnetfeldern oder chemischen Substanzen – Rückschlüsse auf die „Eigenschaften" der untersuchten Phänomene oder Objekte ziehen.

Sichtbar machen bedeutet oft die Konzentration der Wahrnehmung auf etwas Bestimmtes:

- Das Anfertigen einer Zeichnung hilft beim Mikroskopieren, das Wesentliche vom Unwesentlichen zu trennen. Was man in der Zeichnung erkennen kann, hängt weitgehend von der eigenen Erwartung bzw. von einem gedanklichen Modell ab.

- Bei einer chemischen Nachweisreaktion sucht man gezielt nach einem bestimmten Stoff, den man in einer Lösung oder einem Objekt vermutet.

- Im Bereich der unsichtbaren Phänomene setzt man physikalische Untersuchungsgeräte (Sonden) wie eine speziell gelagerte magnetisierte Nadel ein, um Vorhandensein, Richtung und Größe eines Effektes, z. B. eines Magnetfeldes, zu untersuchen.

Etwas sichtbar zu machen erfordert häufig eine gezielte Veränderung der zu untersuchenden Gegenstände, Phänomene und Systeme:

- Selbst mit dem Mikroskop werden manche Strukturen nur dann sichtbar, nachdem man von dem zu untersuchenden Objekt dünne Schnitte angefertigt und diese angefärbt hat.

- Vor einer chemischen Analyse werden Proben oft in zum Teil langwierigen Verfahren aufbereitet, um mögliche Inhaltsstoffe zu konzentrieren und anschließend besser nachweisen zu können.

- Bei der Verwendung physikalischer Sonden wird oft das ganze System gezielt in einen besonderen Zustand gebracht, indem man von außen elektrische oder magnetische Felder wirken lässt. Auf diese Weise lassen sich Unterschiede feststellen, die ansonsten untergehen würden.

Experimentieren

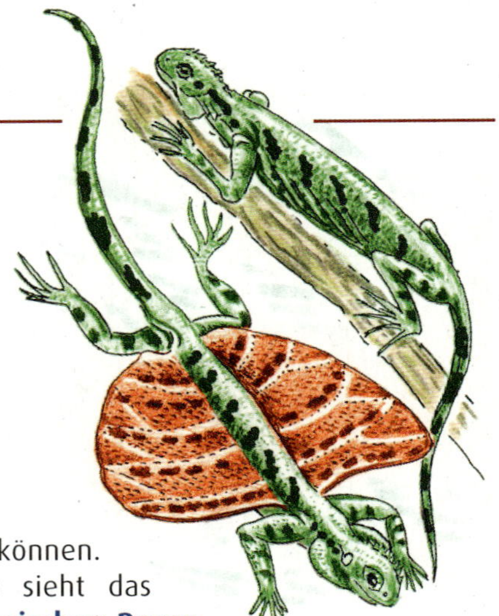

Im täglichen Leben verwendet man den Ausdruck „Experiment" oft im Zusammenhang mit risikoreichen Situationen, die negative Folgen haben könnten. Im Unterschied dazu hat das Experimentieren in den Naturwissenschaften keinen negativen Beigeschmack. Hier wie da verbindet sich mit dem Begriff „Experiment" die Vorstellung von einer absichtlich herbeigeführten Situation mit ungewissem Ausgang. Im Alltag wie in der Wissenschaft ist ein Experiment stets mit einer gewissen Erwartung verknüpft. Ein Experiment ist als gezieltes Ausprobieren zu verstehen, als Fragesituation, der meist Gedankenexperimente zum möglichen Ergebnis vorausgegangen sind.

Viele wichtige naturwissenschaftliche Erkenntnisse wurden auf experimentellem Wege gewonnen oder bestätigt. Das Experiment gilt als charakteristische Forschungsmethode der Naturwissenschaften. Man sagt, das Experiment ist eine gezielt gestellte Frage an die Natur. Experimentieren bedeutet demnach, angemessene Fragen an die Natur zu stellen und die Antworten zu registrieren.

Was „angemessen" ist, ergibt sich aus dem, was man im Vorfeld eines Experiments über den Untersuchungsgegenstand weiß. Beispielsweise wird wohl kaum jemand auf den Gedanken kommen, im Experiment das Flugverhalten einer heimischen Eidechse bei Sturm oder Windstille überprüfen zu wollen, weil unsere Eidechsen nun mal nicht fliegen können. Anders sieht das bei **tropischen Baumechsen** aus, die mithilfe seitlich am Rumpf sitzender halbkreisförmiger Flughäute von einem Ast zum (tieferliegenden) nächsten Ast gleiten können. Hier ist nicht nur die Frage nach dem Flugverhalten unter verschiedenen Bedingungen „angemessen". Angesichts der grellen Farben dieser in Ruhe zusammengefalteten Häute stellt sich zudem die berechtigte Frage, ob die Flughäute weitere Funktionen haben könnten, und wenn ja welche.
Wer bei auftauchenden Fragen nicht nur spekulieren will, muss versuchen, seine Hypothesen zur Lösung des Problems experimentell zu überprüfen. Die „Frage" an die Natur muss klar formuliert werden, um geeignete Versuchsbedingungen zu schaffen.

Van Helmont, ein niederländischer Naturforscher, hat in einem Experiment (vgl. S. 51) überschaubare Bedingungen geschaffen, um eine ihn interessierende Frage beantworten zu können: Er hat ein Bäumchen isoliert, anstelle es im Freien zu beobachten, er hat es vor Staub geschützt und künstlich bewässert, statt es Wind und Regen auszusetzen. Es ist ein Wesenszug von Experimenten, „kontrollierte Bedingungen" zu schaffen, die nach Bedarf systematisch abgewandelt werden können. Stets werden nur solche Bedingungen variiert, die der Beantwortung der speziellen Frage dienen; alle anderen Bedingungen bleiben möglichst konstant. Je häufiger eine Hypothese experimentell bestätigt wird, desto eher darf man annehmen, dass sie tatsächlich zutreffend ist.

Das naturwissenschaftliche Experiment

Johan Baptista van Helmont wurde am 12.1.1579 in Brüssel geboren und starb am 30.12.1644. In seinem Werk „Ortus medicinae“ veröffentlichte der Arzt und Chemiker die Ergebnisse seiner Experimente mit Pflanzen:

> *„... ich habe ein irden Geschirr genommen, und auf die zweyhundert Pfund Erden darein gethan, die ich im Backofen lassen dürr werden. Dieselbe hab ich mit Regen-Wasser angefeuchtet, und einen Weiden-Stamm drein gepflantzet, welcher fünf Pfund wug. Endlich aber nach fünf Jahren ist ein Baum draus worden, der hundert und neun-und-sechtzig Pfund schwer war, und ohngefehr drey Untzen. Das irdene Geschirr aber ließ ich allzeit, wenn es vonnöthe war, bloß allein mit Regenwasser, oder mit distillierten Wasser begiessen. Es war aber groß und in die Erde eingesetzet, und damit der umherfliegende Staub sich nit unter die Erde mengete, hatte ich ein eisernes verzinntes Blech, so voller Löchlein war, oben drüber schlagen lassen. Ich habe aber nicht gerechnet das Gewicht der Blätter, so in diesen vier Jahren alle Herbste davon abgefallen. Endlich hab ich die Erd aus dem Gefässe wider gedörret, und befand eben die zweyhundert Pfund wie vor etwa zwo Untzen weniger. Und waren die hundert und vier-und-sechtzig Pfund Holtz, Rinde und Wurtzeln allein und bloß aus dem Wasser hervor gewachsen.“*

Van Helmont wollte mit diesem Experiment klären, worauf die Massenvermehrung beim Wachstum von Pflanzen beruht. Zwar stimmen Wissenschafter heute seiner Schlussfolgerung nicht mehr zu, dass alles „allein und bloß aus dem Wasser hervor gewachsen“ sei, aber von Helmonts Versuchsprotokoll zeigt wesentliche Eigenschaften eines naturwissenschaftlichen Experiments.

1. Van Helmont hatte eine **Frage**. Er kannte die Erde und das Wasser als notwendige Faktoren für das Wachsen von Pflanzen und wollte wissen, welcher Faktor für die Gewichtszunahme einer Pflanze verantwortlich ist.
2. Er hatte sicherlich auch eine **Vermutung** – eine Erwartung über den Ausgang des Experimentes; darüber wird in seinem Text aber nichts ausgesagt.
3. Van Helmont entwickelte eine geeignete **Versuchsanordnung**. Um systematische Beobachtungen machen zu können, isolierte er die Pflanze von ihrem natürlichen Umfeld und pflanzte sie in einen Topf. Zusätzlich schirmte er sie gegen Staub durch ein durchlöchertes Blech ab.
4. Er kontrollierte **Anfangsbedingungen** und **Endzustand**. Um die Masse der Erde im Topf möglichst genau messen zu können, trocknete er sie jeweils vor dem Wiegen.
5. Er gibt **mögliche Fehlerquellen** an: Nicht berücksichtigt bleiben die Blätter, die das Bäumchen im Herbst abwirft.
6. Zur **Auswertung** seines Experiments vergleicht van Helmont die Anfangs- und Endgewichte von Erde und Pflanze und stellt fest, dass die Masse der Erde nahezu gleich geblieben ist, die Masse der Pflanze aber um „164 Pfund“ zugenommen hat.
7. Aus dieser **Beobachtung** zieht er eine **Schlussfolgerung**, die seine ursprüngliche Frage beantwortet (bzw. seine Vermutung bestätigt): Da die Masse der Erde praktisch gleich geblieben ist und nichts hinzugekommen ist als Wasser, muss die Massenzunahme der Pflanze durch das Wasser bewirkt werden.

A Was brauchen Pflanzen zum Wachsen?

Heute wissen wir, dass van Helmont sich in seinen Schlussfolgerungen irrte. Der Massenzuwachs bei Pflanzen ist das Ergebnis der Fotosynthese, bei der CO_2 aus der Luft mithilfe von Sonnenlicht gebunden wird.

$$6\ CO_2 + 6\ H_2O \rightarrow C_6H_{12}O_6 + 6\ O_2$$

Bei der Fotosynthese entsteht Glukose, die wiederum in andere chemische Verbindungen umgewandelt wird. Heraus kommt z. B. Cellulose, die dem Aufbau des Pflanzenkörpers dient.

Dass van Helmont zwar exakt experimentiert hat und dennoch zu einem anderen Ergebnis kam als heutige Wissenschaftler, hatte folgende Gründe:

- Zur Zeit von van Helmont gab es noch keine Vorstellung von der Zusammensetzung der Luft. Er selbst hat erst den Begriff „Gas" entwickelt. Daher konnte er sich wohl kaum vorstellen, dass der Massenzuwachs aus der Luft kommen könnte.
- Aus dem gleichen Grund hat er den „Gasraum" um die Pflanze nicht kontrolliert. Auch hat er nicht verfolgt, wo das Gießwasser geblieben ist. Heute wissen wir, dass Pflanzen den größten Teil des Wassers über ihre Blätter wieder abgeben, d. h. es verflüchtigt sich als Wasserdampf.

Van Helmont hat bei seinen Wachstumsversuchen nur die Faktoren Wasser und Erde untersucht. Heute bringt man 5 Faktoren in Zusammenhang mit dem Wachstum der Pflanzen:

Erde (bzw. Mineralstoffe), **Wasser**, **Licht**, **Wärme**, **Luft**.

Stelle einen Versuchsplan auf, mit dem du die Bedeutung jedes Faktors herausfinden kannst.

- Beschreibe die mögliche Durchführung der Versuche.
- Lassen sich die wesentlichen Elemente eines Experiments auch in der Gliederung von Kurzberichten aus der Wissenschaft wiedererkennen?
  Wo gibt es Abweichungen?

Denn – und das zeigen auch van Helmonts Experimente und seine daraus abgeleiteten Schlussfolgerungen – die Aussage einer Hypothese lässt sich durch die Ergebnisse eines Experiments allenfalls belegen, niemals für alle Zeit beweisen. Die Schlussfolgerungen, die ein Experimentator heute aus seinen Daten zieht, können bereits morgen durch andere Erkenntnisse und noch genauere Untersuchungsmethoden widerlegt werden.

Außerdem ist man inzwischen von der Annahme abgerückt, dass man durch Experimente vom Beobachter unabhängige „objektive" Erkenntnisse gewinnen kann. Nicht nur die Fragestellung beeinflusst die aus einem Experiment gezogenen Schlussfolgerungen, sondern auch das Vorwissen und die Zielsetzungen des Experimentators tuen das. Deshalb ist es wichtig, Bedingungen, Durchführung und sämtliche gewonnenen Daten genau zu dokumentieren, bevor diese Daten zur Beantwortung der Ausgangsfrage herangezogen und interpretiert werden. In vielen Fällen sollte man zudem ein Kontrollexperiment durchführen, in dem die so genannte Störgröße ausgeschlossen wird. Will man z. B. die Wirkung eines Insektizids auf blattlausbefallene Pflanzen untersuchen, lässt man als Kontrolle einen Teil der Untersuchungspflanzen unbehandelt. Vergleicht man nach einigen Tagen die Anzahl der Blattläuse auf den behandelten Pflanzen mit der Blattlausmenge auf den Kontrollpflanzen, kann man eine Aussage über Effizienz des Insektizids treffen.

Zeigt sich durch ein Experiment, dass eine Hypothese nicht zutreffen kann, muss man sich um neue Hypothesen bemühen. Auch diese neuen Vermutungen sind dann durch Experimente zu überprüfen.

Wissenschaften „ohne Experimente"

Mit dem Experimentieren verbindet sich meist die Vorstellung, dass ein manipulierender Eingriff vorgenommen wird, dass also der Experimentator etwas an dem zu untersuchenden Objekt verändert. Solche Art von Experimentieren ist aber nicht unbedingt Voraussetzung für wissenschaftliche Untersuchungen.

Das beste Beispiel für eine „Wissenschaft ohne Experimente" ist die Astronomie. Weder Sterne noch Planeten lassen sich manipulieren. Aber sehr wohl lassen sich Experimente anstellen mit dem Licht, welches von diesen Sternen ausgeht bzw. von Planeten reflektiert wird. Mit großen Teleskopen können Strahlungen der verschiedensten Art aufgefangen, gebündelt und anschließend ausgewertet werden – vom langwelligen Infrarot bis zur harten Röntgenstrahlung.

Mit solchen „Experimenten" gewinnt man nicht nur Aussagen über die mögliche Zusammensetzung von Sternen bzw. ihren Oberflächen, sondern kann auch Hypothesen überprüfen, z. B. über Geburt und Tod von Sternen, die Ausdehnung und das Alter des Universums.

Zu den „Wissenschaften ohne Experimente" zählt auch die Klimaforschung oder die Geologie. Zwar gibt es in diesen Disziplinen Modellexperimente, mit denen versucht wird, vermutete Zusammenhänge zu bestätigen oder zu verwerfen, aber „Experimente" mit dem Untersuchungsgegenstand selbst gibt es streng genommen nicht.

- Welche Phänomene werden in den genannten Wissenschaften untersucht?
- Was wird bei den jeweiligen Untersuchungen verändert bzw. manipuliert, wenn das eigentliche Objekt dafür nicht zugänglich ist?
- Wie unterscheiden sich die Aussagen, die auf diese Weise gewonnen werden, von den Ergebnissen „richtiger" Experimente? Welche weiteren „Fachgebiete ohne Experimente" gibt es?

Massenerhaltung – auf die Frage kommt es an!

Im Laufe der Zeit sind in verschiedenen Wissensgebieten Experimente entwickelt und verfeinert worden, deren Sinn sich einem unbefangenen Beobachter, der den Entwicklungsprozess nicht kennt, kaum mehr erschließt. Wird man mit einem fertigen, ausgearbeiteten „Experiment" konfrontiert, dann ist oft nicht mehr zu erkennen, welches die Frage war, auf die mit einer bestimmten Versuchsanordnung eine Antwort gefunden werden soll.

Das gilt auch für den hier dargestellten Versuchsaufbau. Man könnte z. B. annehmen, dass es um eine Reaktion unter Luftausschluss geht oder darum, ob sich beim Erwärmen die Masse verändert. Auch dann, wenn man das Experiment startet und wenn nach ausreichendem Erhitzen von außen die Streichholzköpfe im Innern des Reagenzglases kurz aufflammen, ist die Fragestellung noch nicht zu erkennen.

Um sie kreisten vor rund 400 Jahren die Gedanken vieler Gelehrten. Lange herrschte Unklarheit darüber, was beim Verbrennen eines Stoffes passiert. Als man im 17. Jahrhundert anfing, Reaktionen, Ausgangsstoffe und Endprodukte mit der Waage zu kontrollieren, ergaben sich eine Reihe von logischen Problemen. Unter anderem stellte man fest, dass praktisch alle untersuchten Metalle beim Verbrennen schwerer werden. Da der Sauerstoff damals noch nicht bekannt war, musste eine andere Erklärung gefunden werden. Der Chemiker Georg Ernst Stahl (1660–1734) griff auf die Vorstellung von einem „Feuerstoff" zurück, der ähnlich schon bei den griechischen Philosophen aus der Zeit von Aristoteles (384–322 v. Chr.) gebräuchlich war. Beim Verbrennen sollte dieser Feuerstoff entweichen. Damit man mit diesem Feuerstoff, auch „Phlogiston" genannt, die Gewichtszunahme bei der Verbrennung (von Metallen) deuten konnte, musste er ein negatives Gewicht besitzen. Die Phlogiston-Theorie besagte somit, dass bei jeder Verbrennung Feuerstoff entweicht und die zurückbleibende Metall-Asche darum schwerer wird. Stahl hatte damit zwar ein Problem gelöst, dafür viele andere geschaffen. Denn die Alltagserfahrung zeigt ja, dass die Verbrennung in den allermeisten Fällen mit einer Gewichtsabnahme verbunden ist.

Die beiden widersprüchlichen Erfahrungen lassen sich durch die folgenden beiden Experimente demonstrieren:

Stellt man eine Kerze auf eine Digitalwaage und zündet sie an (**1**), so kann man – erwartungsgemäß – eine kontinuierliche Gewichtsabnahme feststellen.
Dass Eisen beim Verbrennen schwerer wird (**2**), zeigt sich, wenn man einen Bausch Eisenwolle an eine Balkenwaage hängt und mit einem Bunsenbrenner entzündet. Trotz wegspritzender Eisenteilchen sinkt der Waagebalken auf dieser Seite nach unten.

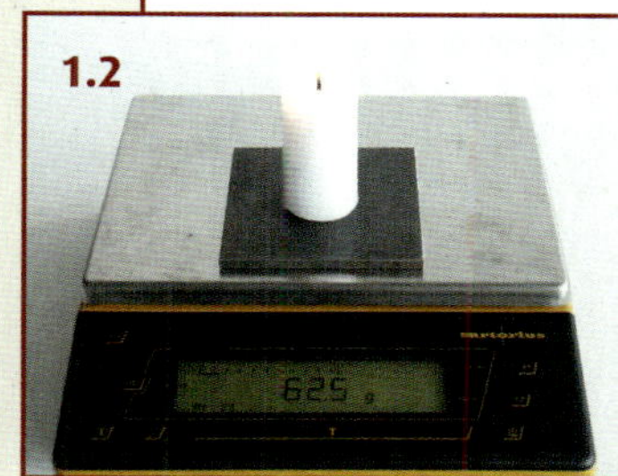

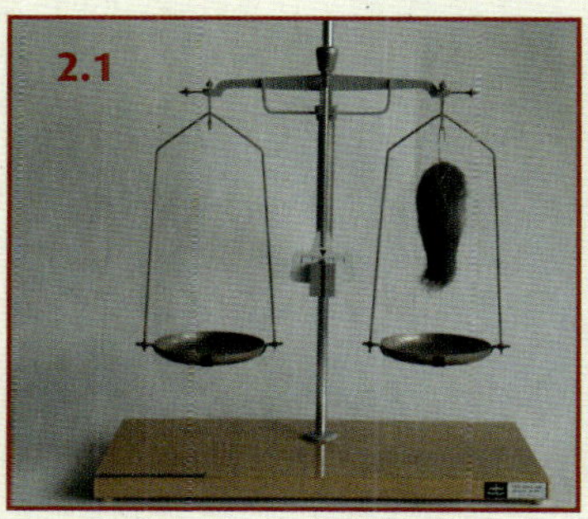

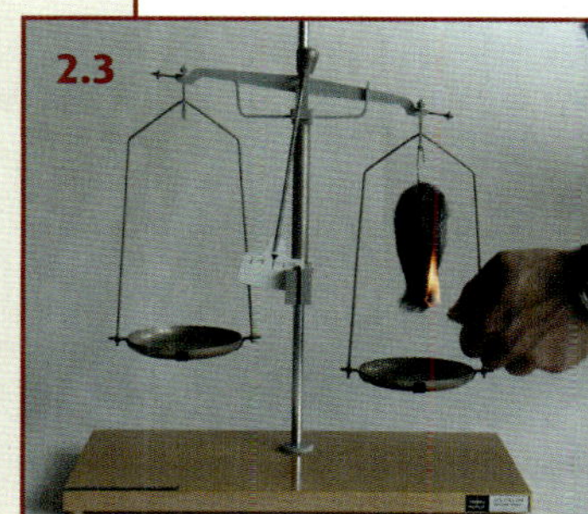

Aus der Gegenüberstellung dieser beiden Befunde lässt sich die **grundlegende Frage** entwickeln:
Sind Verbrennungsvorgänge mit einer Gewichtsabnahme oder mit einer Gewichtszunahme verbunden?

Wenn man vermutet, dass bei der Beantwortung dieser Frage auch die entstehenden Verbrennungsgase bzw. die „verbrauchten" Luftbestandteile eine Rolle spielen könnten, dann liegt es nahe, ein abgeschlossenes System zu konstruieren. Genau dies tat Antoine Laurent Lavoisier (1743–1794): Er isolierte die miteinander reagierenden Substanzen von ihrer Umgebung. So konnte er experimentell belegen, dass die Stoffmenge am Ende jeder chemischen Reaktion gleich der anfangs eingesetzten ist, auch wenn die Stoffe bei der chemischen Reaktion ihren Zustand ändern.

A

Versuche aufgrund der im Text genannten Überlegungen, das eingangs im Bild vorgestellte Experiment einzuordnen.
Welche Schlussfolgerung ist aus der Beobachtung abzuleiten, dass bei diesem Verbrennungsexperiment das Gewicht konstant bleibt?

A Reizmusteranalyse – Experimentieren mit Methode

Smilies und verwandte Symbole werden heute an vielen Stellen verwendet, um die Aufmerksamkeit eines Betrachters oder z. B. eines potenziellen Käufers auf bestimmte Dinge zu lenken. Im Internet drücken die verschiedenen Abwandlungen dieses Symbols, lachende, traurige oder fragende Gesichter, die Stimmung eines E-Mail-Schreibers oder Chatters aus.

:-) :-(;-) :-)) :-o

Es scheint so zu sein, dass die Abkürzungen oder Symbole überall ähnlich interpretiert werden. Diese Vermutung kann experimentell überprüft werden; Im Unterschied zu einer Reaktion im zugeschmolzenen Reagenzglas lassen sich die Versuchsbedingungen aber nicht vollständig kontrollieren. Z. B. kann nicht sichergestellt werden, dass sich alle Versuchspersonen im gleichen gefühlsmäßigen „Anfangszustand" befinden. Dennoch könnte man durch Befragung zufällig ausgewählter Personen folgende Fragen klären:

- Welche Gefühle drücken die gezeigten „Gesichter" vermutlich aus?
- Reagieren alle Menschen in genau der gleichen Weise auf die Symbole?
- Welche Faktoren könnten die Reaktion beeinflussen?

Obwohl Smilies nur ganz wenige Elemente eines wirklichen Gesichts zeigen, verstehen die meisten Betrachter sie tatsächlich in gleicher Weise. Vergleicht man mit einem realen Gesicht, dann sieht man, dass hier von allen Merkmalen eines Gesichtes nur der Kopfumriss, die Augen und der Mund benutzt werden. Offenbar gibt es eine enge Verknüpfung zwischen bestimmten einfachen äußeren Reizen und einer zugehörigen Reaktion, z. B. „Gesicht" und „Lächeln". Besonders deutlich wird dies bei Babies, die in einem bestimmten Alter auf zwei „Augen" in einem Gesichtsumriss mit einem Lächeln reagieren.

Errege jemandes Aufmerksamkeit, indem du ihm ein weißes Blatt Papier mit zwei Kreisen als „Augen" präsentierst. Was passiert, wenn du einen Halbkreis als „Mund" darunter zeichnest? Wie kannst du aus diesem Ansatz ein Experiment entwickeln?

- Wie könnte ein Experiment aussehen, mit dem man die Hypothese überprüft, dass alle Menschen mit einem Lächeln reagieren, wenn man ihnen einen Smiley präsentiert?
- Wie könntest du herausfinden, welche Elemente eines Gesichtes unbedingt erforderlich sind, um eine positive Reaktion hervorzurufen? Was soll dabei als „positive Reaktion" gewertet werden?
- Wie würdest du überprüfen, ob Menschen unterschiedlichen Alters oder Geschlechts gleichartig oder verschieden reagieren?

Welche Reizkombinationen bei Tieren ein bestimmtes Verhalten auslösen, wird in der Verhaltensbiologie untersucht; dort nennt man solche Verknüpfungen Reiz-Reaktions-Mechanismen. Man kann versuchen, die Reizkombinationen zu finden, auf die ein bestimmtes Tier in immer gleicher Weise reagiert. Reaktionen, die durch äußere Reize ausgelöst werden können, sind beispielsweise das Schlagen von Beute, das Werben um einen Partner, das Betteln um Futter und – umgekehrt – die Fütterung von Jungen.

In den Abbildungen sieht man ein charakteristisches Verhalten von Amselküken: Sie „sperren", d. h. sie öffnen ihre Schnäbel und wenden sich ihrem Elterntier zu. Die – experimentell zu beantwortende – Frage könnte hier sein: Welche der Reize, die vom Elterntier ausgehen, lösen diese Reaktion aus? In Frage kommen z. B. das Muster des Federkleids, bestimmte Laute, der Körperumriss eines Altvogels, die Erschütterung des Nestes bei Anflug und Landung, der Geruch der Nahrung, Farbe und Form des Schnabels.
Für eine wissenschaftliche Untersuchung werden zunächst Vermutungen gesammelt und als Hypothesen für einen Zusammenhang von Reiz bzw. Reizkombination und Reaktion formuliert. Wie man leicht beobachten kann, öffnen die Jungen ihre Schnäbel, wenn der Altvogel vor ihnen sitzt. Daher lässt sich als Hypothese formulieren: Das Sperren der Jungvögel wird durch den Körperumriss des Altvogels ausgelöst. Um diese Hypothese zu überprüfen, könnte man z. B. einen ausgestopften Vogel vor das Nest halten. Dabei schaltet man die Faktoren „Bewegung", „Erschütterung des Nestes", „Laute" und „Geruch der Nahrung" aus.

Arbeitet man mit lebenden Organismen, werden in Experimenten häufig Attrappen verwendet. Überlege, was man bei der Wahl einer geeigneten Attrappe alles berücksichtigen muss.

- Welche Merkmale werden vernachlässigt, wenn man im beschriebenen Experiment statt eines ausgestopften Vogels eine schwarze Pappe in der Form eines Vogelkörpers verwendet?
- Bei der Papp-Attrappe kann das Verhältnis von Körper zu Kopf verändert werden; welche Fragen lassen sich damit beantworten?
- Wie könnten Amsel-Attrappen aussehen, die andere Merkmale oder Reizkombinationen simulieren?

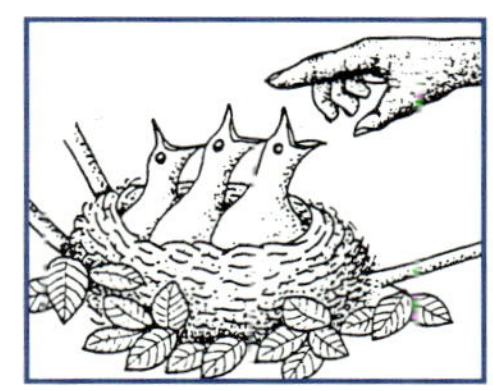

Wie weit kann die Attrappe reduziert werden, damit die Jungvögel noch ihre innen farbigen Schnäbel aufsperren?

Man kann sich leicht vorstellen, dass die Jungtiere bei einer Vergrößerung der Elternattrappe über ein bestimmte Maß hinaus nicht mehr sperren, sondern Angstverhalten zeigen. Damit man unterscheiden kann, welche Reaktion welchem Reiz zuzuordnen ist, darf man immer nur einen Faktor verändern und muss die anderen möglichst gleich lassen. In der Wissenschaft spricht man davon, die „Parameter" systematisch zu variieren.
Auch wenn man versucht, alle äußeren Faktoren konstant zu halten, ist kaum zu erwarten, dass jeder einzelne Tierversuch zum genau gleichen Ergebnis führt. Vielleicht sind die Amseljungen in einem Nest kräftiger als andere, andere könnten nicht erkannte Krankheiten haben usw. Daher lassen sich allgemeine Ergebnisse erst dann formulieren, wenn man eine große Anzahl Versuche mit verschiedenen Individuen durchgeführt hat.

Auch das Fütterverhalten von Vogeleltern ist von Reizen abhängig. Erschließe in einem Gedankenexperiment, welche das sind.

Das Experiment: Von der Vermutung zur wissenschaftlichen Aussage

Experimente können höchst unterschiedlich aussehen. Es gibt jedoch einige Gemeinsamkeiten, die die Planung, den Ablauf und die Auswertung betreffen.
Bevor sich jemand ein Experiment überlegt, hat er eine Beobachtung gemacht, dessen Erklärung ihn beschäftigt. Er entwickelt eine oder mehrere Vermutungen darüber, was und warum etwas passiert sein könnte. Bei diesem Nachdenken kristallisiert sich manchmal eine Hypothese heraus, die Ursache oder Wirkungszusammenhänge zu erklären versucht. Die Hypothesenbildung wird oft unterstützt durch die Suche nach Berichten und Ergebnissen anderer Wissenschaftler zu einer ähnlichen Fragestellung.
Aus dem Zusammenhang von Fragestellung und einer Hypothese ergeben sich häufig bereits Hinweise auf die praktische Überprüfbarkeit. Bei der Entwicklung und Planung einer geeigneten Versuchsanordnung müssen, je nach Fragestellung, berücksichtigt werden,

- welche Größen zu beobachten oder zu messen sind,
- welche Größen verändert und welche konstant gehalten werden,
- wie man Fehlerquellen und unerwünschte Einflüsse möglichst ausschließen kann,
- welche Hilfsmittel, Geräte, Chemikalien benötigt werden,
- wie der Ablauf kontrolliert werden kann und
- wie die Auswertung stattfinden soll.

Wenn die Experimentieranordnung nach Plan aufgebaut ist, wird das Experiment gestartet. Alle Beobachtungen und Messwerte werden protokolliert.
Nach Ende des Experiments werden die protokollierten Messwerte und Beobachtungen ausgewertet, oft mittels Diagrammen und Berechnungen. Dabei muss man auch mögliche Fehler berücksichtigen, die sich aus der Versuchsanordnung oder den Umständen der Messung ergeben.
Schließlich wird ein Ergebnis formuliert, das Bezug nimmt auf die aufgestellte Hypothese bzw. auf die ursprüngliche Frage.

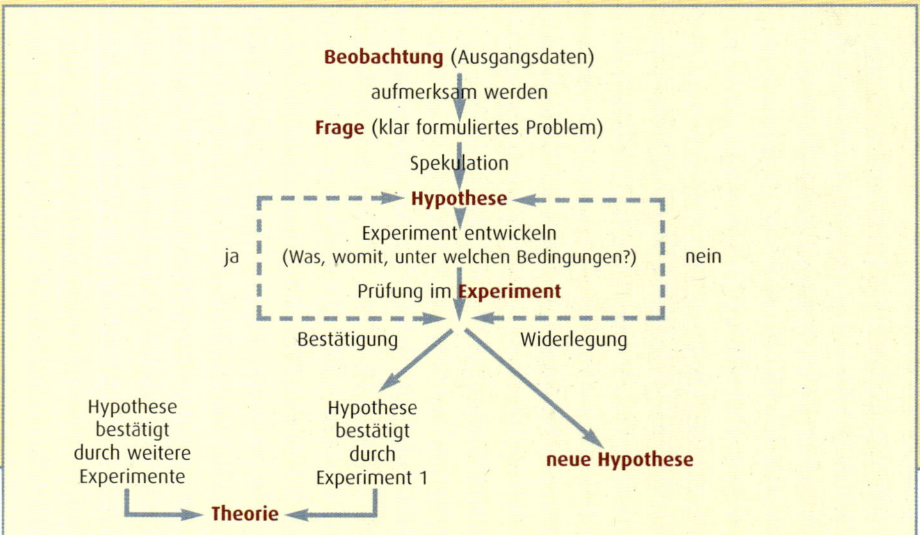

So kann man zu einem naturwissenschaftlichen Erkenntnisgewinn gelangen

Auswerten und Interpretieren

Ähnlich wie der Mann, der vom Hochhaus fällt, stellt man sich oft vor, wie sich etwas fortsetzt. Dabei kann man sich leicht irren. Auch bei experimentellen Messreihen sind einfache, d. h. lineare Schlussfolgerungen häufig nicht zulässig. Wer ein Experiment durchführt, muss sich viele Gedanken darüber machen, wie die Ergebnisse angemessen ausgewertet und interpretiert werden können. Für manche der dabei auftretenden Schwierigkeiten gibt es feste Regeln.

Stellt man ein Gefäß mit 20 Grad warmem Wasser auf eine angeschaltete Heizplatte, kann man mit einem Thermometer feststellen, wie schnell sich das Wasser erwärmt. Liest man die Temperatur alle 60 Sekunden ab, kann man aufgrund dieser Daten bestimmte Vorhersagen treffen. Man kann z. B. angeben, wie heiß das ursprünglich 20 °C warme Wasser nach 60 Minuten sein wird. Die Methode bezeichnet man als Extrapolation. Beim Extrapolieren nutzt man eine aus vorliegenden Daten gewonnene Regel, um weitere Werte vorherzusagen, die noch fehlen und vielleicht gar nicht mehr erhoben werden (können). Im Fall des sich erwärmenden Wassers kann man die Messdaten der ersten 20 Minuten in einem Temperatur-Zeit-Diagramm darstellen und daraus ableiten, dass sich das Wasser – je nach Heizleistung – beispielsweise um jeweils ein Grad pro Minute erwärmt.

Doch wie sicher ist diese gewonnene Regel? Wie heiß wird das Wasser nach 90 Minuten sein? Selbst wenn eine lange Reihe von Einzelmessungen die Regel bestätigt, kann man nicht immer ohne Weiteres extrapolieren. So wird bei diesem Beispiel der Geltungsbereich der zugrundeliegenden Regel durch den Siedepunkt des Wassers beschränkt.

Dennoch bleibt manchmal gar nichts anderes übrig, als zu extrapolieren. Dies gilt beispielsweise dann, wenn auch bei größter Anstrengung keine weiteren Daten gewonnen werden können und die bisherigen Befunde nur lückenhaft sind. Ein solcher Fall ist der Vogelzug (vgl. S. 64). Ein anderes Beispiel ist die Stammesgeschichte des Menschen. Für ihre Entschlüsselung stehen nur relativ wenige und schwer zu interpretierende Daten zur Verfügung. Inzwischen kann man die gefundenen fossilen Schädelbruchstücke und andere Skelett-Reste zwar ziemlich genau datieren, doch noch immer klaffen im Stammbaum des Menschen große zeitliche Lücken. Wegen der Seltenheit der Funde sind die Übergänge zwischen den verschiedenen Formen eher abrupt und keinesfalls fließend.

Mangelnde Vergleichsmöglichkeiten veranlassten 1961 den Anthropologen Simons, ein *Ramapithecus* genanntes Fossil aufgrund eines Oberkieferfragments als Vorfahren des Menschen einzuordnen. Das Fragment bestand

A Auf der Suche nach einem Stammbaum der Menschen

	Ramapithecus	*Australopithecus africanus*	*Homo erectus*	*Homo neanderthalensis*	*Homo sapiens sapiens*
Datierung/Jahre	14–10 Mio	2,8–1,8 Mio	1,8–100.000	70.000–35.000	seit 40.000 Jahren
Gehirnschädel-volumen	340 cm^3	300–600 cm^3	700–1225 cm^3	1400–1600 cm^3	1000–2000 cm^3
Gesichtsschädel	stark vorspringende Schnauze	schnauzenartig	Verkleinerung des Gesichtsschädels, massiger Unterkiefer, schräge Zahnstellung	Spitzgesicht, vorspringend, schräge Zahnstellung	
Überaugenwülste	vorhanden (?)	vorhanden	stark ausgeprägt	vorhanden	nicht ausgebildet
Stirn	flach?	fliehend, stark geneigt	stark geneigt	flach	hoch
Kinn	fliehend (Negativkinn)	stark fliehend (Negativkinn)	stark fliehend (Negativkinn)	weniger fliehend (schwaches Positiv-kinn)	vorgewölbt (Positivkinn)
Feuerbenutzung	–	?	+	+	+

Versuche anhand der Schädelabbildungen und der Informationen in der Tabelle einen hypothetischen Stammbaum zu konstruieren, der die Entwicklungsgeschichte der Menschen zeigt. Wie gut gelingt dir diese Aufgabe?

- Hast du das Gefühl, „die richtige" Lösung gefunden zu haben?
- Suche in Biologiebüchern nach Stammbäumen des Menschen. Vergleiche deine Hypothese mit den von Wissenschaftlern aufgestellten Interpretationen der Daten und Befunde zu den bisher bekannten fossilen Hominiden-Funden: Wo gibt es Übereinstimmungen, wo Unterschiede?
- Vergleiche mehrere Stammbäume in verschiedenen Büchern miteinander: Sind sich die Wissenschaftler untereinander einig?
- Kannst du dir aufgrund deiner eigenen Konstruktionsversuche vorstellen, wo Schwierigkeiten bzw. Gründe für die unterschiedlichen Interpretationsweisen liegen?

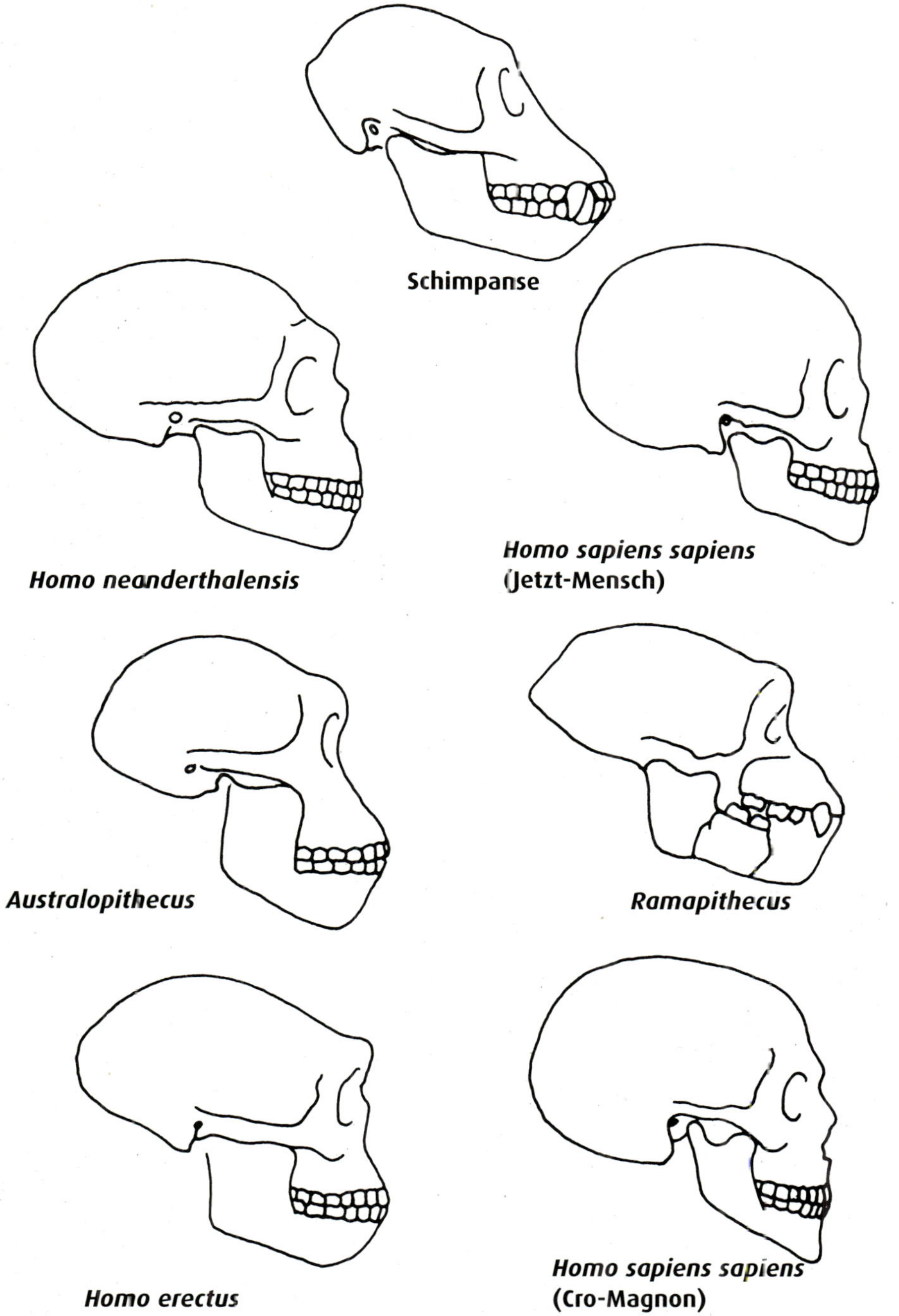
Schimpanse
Homo neanderthalensis
Homo sapiens sapiens
(Jetzt-Mensch)
Australopithecus
Ramapithecus
Homo erectus
Homo sapiens sapiens
(Cro-Magnon)

Für eine Rekonstruktion der Menschheitsentwicklung liegen nur lückenhafte Daten vor. Deshalb sind schlüssige Interpretationen schwierig.

aus einer Kieferplatte mit vier Zähnen; die Eckzähne fehlten. Die Zahngröße war menschenähnlich, lag jedoch im Schwankungsbereich heute lebender Menschenaffenpopulationen. Simons spiegelte das fossile Kieferstück und setzte beide Teile leicht schräg – parabolisch – zusammen. Hätte er die beiden Teile parallel zueinander ausgerichtet, hätte die Rekonstruktion mehr dem u-förmigen Zahnbogen der Menschenaffen geähnelt. Trotz aller Unsicherheiten setzte sich die Zuordnung von *Ramapithecus* zur hominiden Stammeslinie zunächst durch. Erst rund 20 Jahre später lieferten neue Fossilfunde genügend Anhaltspunkte, um *Ramapithecus* als Verwandten des Orang Utans zu klassifizieren.

Nach wie vor heftig umstritten ist die Frage, ob der Neandertaler als ein Vorfahr des modernen Jetztmenschen anzusehen ist oder eine Seitenlinie darstellt. Ähnlich wie beim Vogelflug, wo der Einsatz von Mikrosendern und Satellitentechnik inzwischen dazu geführt hat, dass man Klarheit über die Flugrouten vieler Vogelarten gewonnen hat, hofft man auch in Bezug auf die Entwicklungsgeschichte des Menschen, dass die Anwendung neuer Untersuchungsmethoden offene Fragen klären wird. Einen wichtigen Hinweis zur Lösung der Kontroverse um die Stellung des Neandertalers haben bereits molekulare Untersuchungen an fossiler DNA gegeben, die aus Knochen des Neandertalers gewonnen wurde. Eine besonders variable Sequenz aus den Mitochondrien der Neantertaler-DNA wurde mit entsprechenden Abschnitten vom Jetztmenschen und von 16 Schimpansen verglichen. Die Ergebnisse zeigen, dass die Anzahl der Abweichungen der Neandertalersequenz außerhalb der Variationsbreite der lebenden Populationen von *Homo sapiens* liegt. Die Neandertaler scheinen also eher unsere Vettern als unsere Vorfahren zu sein.

Ramapithecus **sahen Anthropologen zunächst als Vorfahr des Jetzt-Menschen; heute zählt man das Fossil zu den Verwandten der Menschenaffen. Der Streit beruht u. a. auf zwei unterschiedlichen Rekonstruktionen des Oberkiefer-Zahnbogens:**

a. menschenähnliche Rekonstruktion*
b. affenähnliche Rekonstruktion*

* Es fehlen fossile Funde der Vorder- und der Backenzähne, in den Rekonstruktionen gestrichelt eingezeichnet.

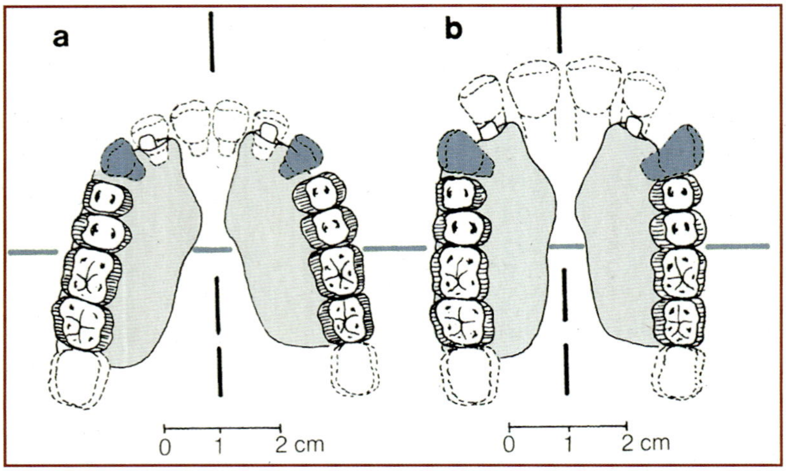

Während man im Fall des Vogelzugs und bei der Aufstellung vom Stammbäumen versucht, alle verfügbaren Daten in ein logisches System zu bringen, werden bei experimentell ermittelten Daten oft bestimmte **„Ausreißer-Werte“** ausgeschlossen. Ein solcher Ausschluss kann aber nicht willkürlich erfolgen – das wäre eine Verfälschung der Versuchsergebnisse –, sondern er muss gut begründet sein. Stellt man z. B. bei einer Kontrollmessung fest, dass sich ein Messgerät nicht wieder auf den Nullpunkt zurückstellt (z. B. ein Voltmeter im spannungslosen Zustand), muss man die bisher gewonnenen Messwerte verwerfen. Auch wenn ein physikalisches Experiment durch die Streustrahlung eines eingeschalteten Handys gestört worden ist, muss die Messung wiederholt werden. Zwangsläufig fehlerhaft ist die Beurteilung von Daten, wenn man sich bestimmter Störfaktoren nicht bewusst ist und dann natürlich auch nicht weiß, wie groß deren Einfluss ist.

Die Auswertung und der Vergleich von Messergebnissen dient in aller Regel dazu, begründete Zusammenhänge zu erschließen. Nur so kann eine im Voraus gemachte Annahme bestätigt oder widerlegt werden. Die so genannten Kausalzusammenhänge – z. B. der Zusammenhang zwischen dem Gewicht der Weizenkörner auf einem Getreideacker und der Düngermenge – lassen sich leichter beschreiben, wenn sie mathematisch dargestellt und betrachtet werden.

Gesetzmäßigkeiten entdeckt man am besten, wenn man aus den Messergebnissen einen Graphen entwickelt, wenn man die

Daten also in ein Diagramm mit x- und y-Achse einordnet. Dabei werden auf der Waagerechten, der x-Achse, immer die vorgegebenen Größen, also z. B. die Zeit, aufgetragen. Auf der Senkrechten, der y-Achse, stellt man die Messwerte dar, die von der vorgegebenen Größe abhängen, also Häufigkeiten, Längen- oder Masse-Einheiten. Wichtig ist, die Achsen immer sorgfältig zu beschriften.

Wissenschaftler werten ihre Daten in der Regel statistisch aus. Wiederholt man eine Messung, erhält man nämlich fast nie identische Werte, sondern stets leicht von einander abweichende Ergebnisse. Will man nun trotzdem wissen, wie schwer normalerweise ein einzelnes Weizenkorn ist, sollte man möglichst viele Körner wiegen und aus den Ergebnissen den **Mittelwert** bilden. Man berechnet ihn, indem man alle Werte einer Messreihe addiert und die Summe durch die Anzahl der Messwerte teilt. Der Mittelwert ist allerdings sehr empfindlich gegenüber Ausreißern: Ein einziges anormal schweres Weizenkorn kann das berechnete statistische Durchschnittsgewicht deutlich erhöhen.

Eine andere Möglichkeit, verschiedene Messergebnisse zusammenzufassen, ist die Ermittlung des **Zentralwerts** oder Medians. Dazu werden alle Messwerte der Größe nach geordnet. Der Median ist der Wert, der genau in der Mitte liegt, bei 2415, 2460, 2534, 2633, 2900, 2980 und 6250 also 2633. Wie sehr die Messwerte „streuen", d. h. wie stark sie von einander abweichen, lässt sich ebenfalls mathematisch ausdrücken – durch die so genannte Varianz und die Standardabweichung. Die Interpretation von Ergebnissen kann sehr unterschiedlich ausfallen, je nachdem ob man den Mittelwert oder den Median betrachtet (vgl. S. 69). Bei der Beurteilung einer Untersuchung ist es deshalb sehr wichtig zu wissen und mathematisch zu verstehen, von welchem Wert die Rede ist.

Um ein objektives Maß für Ähnlichkeiten und Unterschiede zu erhalten, z. B. zwischen dem mittleren Getreideertrag pro Hektar auf zwei Feldern, wendet man statistische Tests an. Solche Testverfahren zeigen, mit welcher Wahrscheinlichkeit zwei Werte gleich bzw. unterschiedlich sind. Man spricht von signifikanten Unterschieden, wenn die Irrtumswahrscheinlichkeit kleiner als fünf Prozent ist.

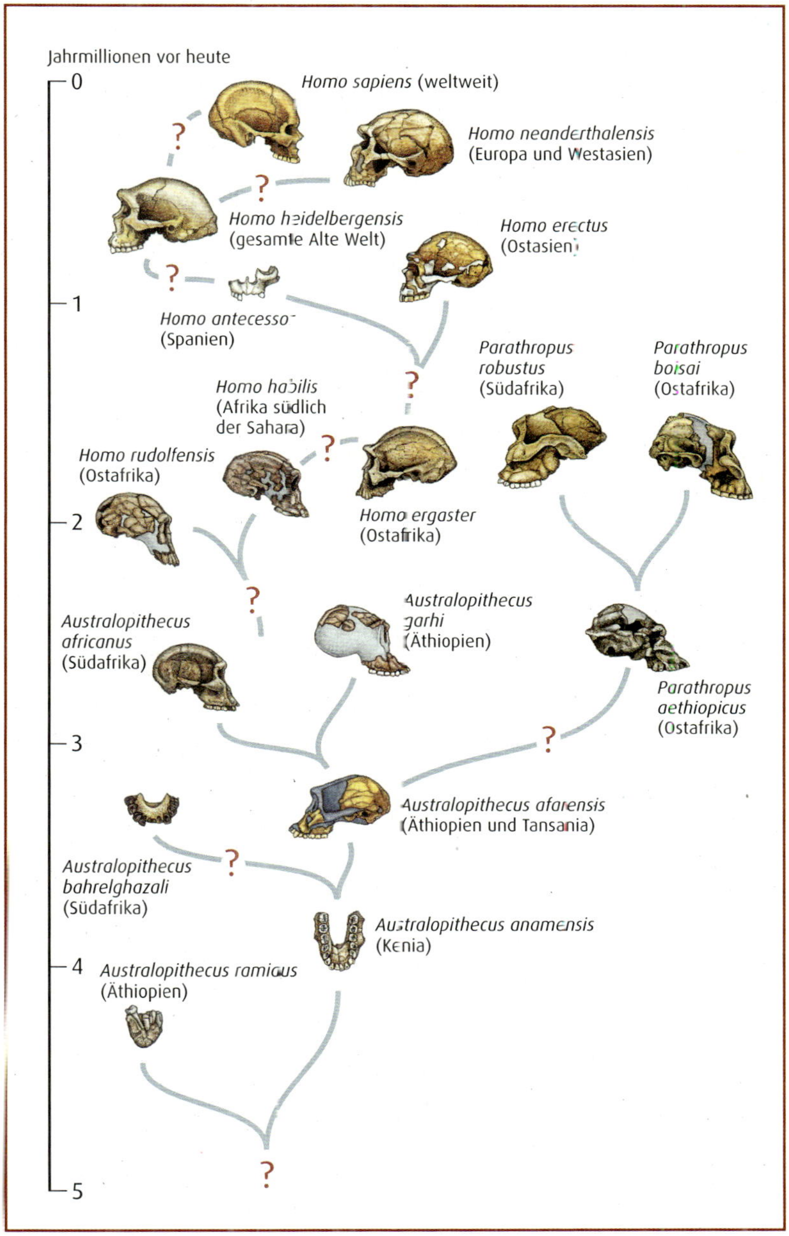

Hypothetischer Hominiden-Stammbaum, aufgestellt durch den New Yorker Anthropologen Ian Tattersall

Umgang mit Daten: die Flugrouten der Zugvögel

Weltweit unternehmen jährlich etwa 50 Millionen Vögel regelmäßige Wanderungen zwischen ihren Brut- und ihren Überwinterungsgebieten. Kurzstreckenwanderer verlassen ihre Brutgebiete auf der Suche nach milderen Bedingungen in der Nähe. Andere Vogelarten sind Langstreckenflieger. Pro Strecke legen sie manchmal bis zu 10.000 km zurück.
Um herauszufinden, wo sich die Vögel im Winter aufhalten und welche Flugrouten sie nehmen, begann man vor ungefähr 100 Jahren mit der **Beringung von Vögeln**. Zu diesem Zweck fängt man die Vögel an Futter- und Rastplätzen mit Netzen, oder man markiert sie bereits als Jungvögel im Nest. Dabei wird jedem Vogel ein kleiner Aluminiumring um den Fuß gelegt. Auf dem Ring stehen der Name der Vogelwarte und eine Nummer. Diese Nummer enthält codiert Informationen darüber, wo und wann ein Vogel beringt worden ist. Wer einen beringten Vogel findet – lebendig oder tot–, ist aufgefordert, die betreffende Vogelwarte zu informieren bzw. den Ring dorthin zurückzuschicken.
Wiederfänge bzw. Wiederfunde beringter Vögel geben übrigens nicht nur Auskunft über das Zugverhalten und mögliche Zugwege, sondern auch darüber, wo sich die Jungvögel ansiedeln, über die Ortstreue der Brutvögel, ihre Lebenserwartung und ggf. über Todesursachen.

A **Schaue dir die Karte der Brut- und Überwinterungsgebiete der Weißstörche an. Zeichne ein, welche Zugroute die Vögel deiner Meinung nach im Frühling und im Herbst nehmen, wenn sie zwischen ihren Brut- und Überwinterungsgebieten wechseln.**

- Suche in einem Atlas die aufgelisteten Fundorte beringter Weißstörche heraus. Zeichne sie ungefähr in die Karte ein. Wie verhalten sich die Fundorte zu der von dir angenommen Zugroute? Könnte es mehr als einen Hauptflugweg geben?
- Kannst du dir vorstellen, weshalb man von Ost- und von West-Störchen spricht?
- Welche Gründe könnte es haben, dass für manche Vogelarten bis heute nicht endgültig geklärt ist, welche Zugrouten sie nehmen?

Vogel-Beringung

Fundorte von beringten Weißstörchen	
Djibo	Hamburg
Beirut	Budapest
Prag	Assuan
Jerusalem	Istanbul
Kampala	Leipzig
Johannesburg	Khartum
Ankara	Harare
Bukarest	Adana

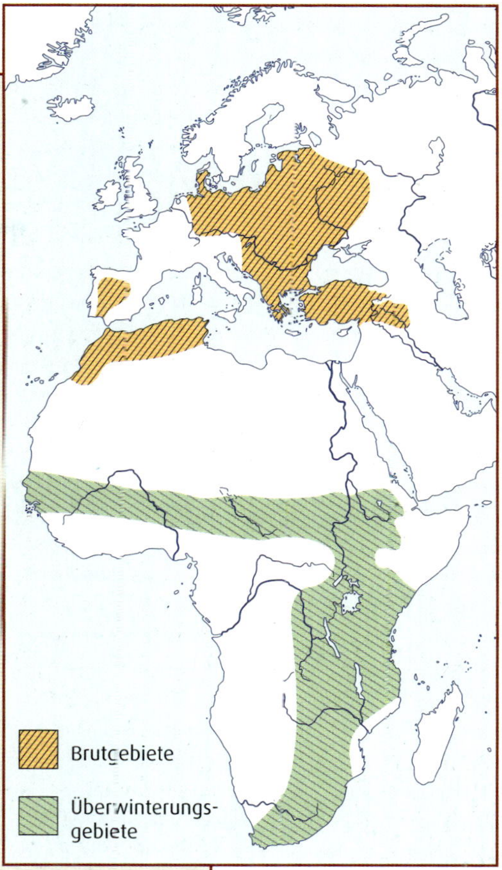

Genauere Informationen als die Beringungsmethode liefert die **Satelliten-Telemetrie**. Dazu werden an den Vögeln Minisender befestigt, die regelmäßig die Zeit und die Position der Tiere senden. Die streichholzschachtelgroßen Sender wiegen etwa 35 g und haben dank installierter Solarzellen eine nahezu unbegrenzte Lebensdauer. Mithilfe der Sender-Signale kann man die Aufenthaltsorte der besenderten Vögel lückenlos verfolgen.

Bei den Störchen hat man aufgrund der Ringfunde lange Zeit gedacht, dass die West-Störche den europäischen Winter aussschließlich im Gebiet von Senegal bis Kamerun verbingen, während die Ost-Störche bis ins südliche Afrika ziehen. Neuere Satellitentelemetrie-Daten zeigen, dass sich die Überwinterungsgebiete teilweise überschneiden. So konnte ein Ost-Storch bis nach Nigeria verfolgt werden, das bis dahin nur als West-Storch-Gebiet bekannt war.

A **Im Internet kannst du unter www.naturdetektive.de die täglichen Flugetappen besenderter Störche und Kraniche verfolgen. Versuche die Flugdaten zu interpretieren.**

- Berechne, welche Strecken die Vögel durchschnittlich pro Tag fliegen. Gibt es Tage, an denen sie deutlich mehr oder weniger geflogen sind?
- Schaue dir auf einer Karte die Topographie der jeweiligen Gegend an. Finde heraus, wo schwer zu überquerende Gebirge oder nahrungsarme Gebiete wie Wüsten oder Meere liegen. Suche außerdem im Internet nach Wetterinformationen für die jeweiligen Flugtage.
- Welche Vorteile hat die Satelliten-Telemetrie gegenüber der Ringmethode?
- Weshalb wird die Methode trotz ihrer Vorteile bislang nur für große Vögel wie Störche oder Kraniche genutzt?

Bewertung und Auswahl von Messdaten: Millikan und die elektrische Elementarladung

Schon lange Zeit wusste man, dass sich die meisten Stoffe elektrisch aufladen können; man wusste aber nicht, ob sich diese Ladung kontinuierlich verändert oder ob sie aus kleinen, immer gleichen Ladungs-Portionen besteht. Dieser Frage ging der amerikanische Physiker Robert A. Millikan (1868–1953) Anfang des 20. Jahrhunderts mit folgender Versuchsanordnung nach:
Millikan baute aus zwei Metallplatten einen Kondensator. Zwischen die waagrecht angeordneten Platten sprühte er kleinste Öltröpfchen. Durch Röntgenstrahlung wurde die Luft zwischen den Kondensatorplatten ionisiert. Millikan ging davon aus, dass auf diese Weise viele Öltröpfchen elektrisch geladen würden. Ihre Bewegung beobachtete der Physiker mit einer Art Mikroskop.

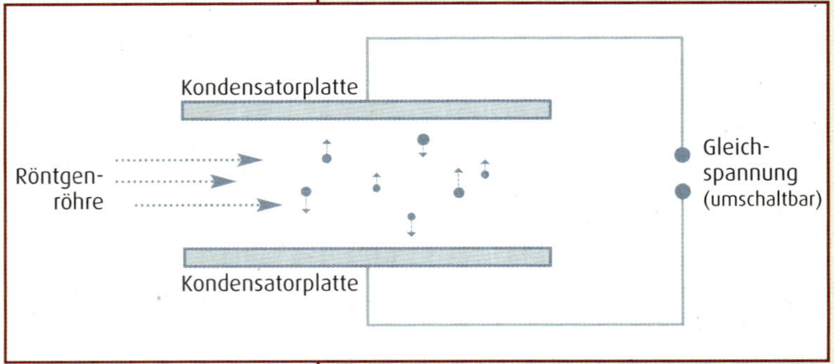

Millikans Versuchsanordnung zur Erforschung der elektrischen Elementarladung

Seine Überlegungen waren,

- dass ungeladene Tröpfchen durch die Wirkung der Erdanziehung nach unten fallen,
- dass auf Tröpfchen, die eine elektrische Ladung „eingefangen" haben, zusätzlich elektrische Anziehungs- und Abstoßungskräfte wirken, die von den Kondensatorplatten ausgehen,
- und dass ein Öltröpfen dann in der Schwebe bleibt, wenn sich Schwerkraft und elektrische Anziehungskraft gerade die Waage halten.

Millikan schaltete wechselweise den Kondensator an und aus und beobachtete die Veränderung der Bewegung der Öltröpfchen. Aus dem Vergleich der Bewegungen ohne elektrisches Feld und mit eingeschaltetem Kondensator konnte er einen Wert für die elektrische Ladung auf einem einzelnen Tröpfchen berechnen.
Millikan hoffte, bei seinen Messungen stets einen gleichen Wert für die elektrische Ladung auf beliebigen Tröpfchen zu finden. Denn er war davon überzeugt, dass es kleine elektrische Ladungsträger gibt, die viel kleiner als Atome, aber ebenfalls nicht weiter teilbar sind. Diese „Elektronen" besäßen eine kleinste elektrische Ladung, die ebenfalls nicht weiter teilbar wäre.
Im Experiment fand er seine Annahme u. a. durch die Beobachtung bestätigt, dass sich manchmal ein Tröpfchen ganz plötzlich mit etwa doppelter Geschwindigkeit auf eine Kondensatorplatte zu bewegte. Für ihn hieß das, dass dieses Tröpfchen gerade eine zweite Ladung „eingefangen" hatte.

Messdaten bewerten?

Millikan bewertete praktisch jeden einzelnen seiner vielen hundert Versuche. In einer Veröffentlichung, die im Jahre 1910 erschien, klassifizierte er seine Messungen mit einem, zwei oder drei Sternchen, je nachdem für wie gut gelungen er das jeweilige Experiment hielt. Aus seinen Labortagebüchern weiß man, dass er später fallweise Experimente ausschied. Man findet darin Anmerkungen wie:

> *„Sehr niedrig. Etwas stimmt nicht." – „Dies ist fast genau richtig und das beste, das ich je hatte!!!" – „Möglicherweise ein doppelter Tropfen" – „Gutes Ergebnis für einen sehr kleinen Tropfen" – „Genau richtig" – „Irgendwas ist los hier ..." – „Übereinstimmung schlecht. Wird nicht aufgehen." – „Dieses wunderschöne Ergebnis veröffentlichen." – „Dieser Tropfen flackerte, als ob unsymmetrisch!"*

Millikan bestimmte die Größe der elektrischen Elementarladung mit großer Genauigkeit und erhielt dafür 1922 den Nobelpreis.

➲ Darf man Messwerte, die einem nicht „gefallen", einfach unterschlagen?

Ähnliche Daten – andere Interpretation

Ein wissenschaftlicher Gegenspieler Millikans, der Wiener Physiker Felix Ehrenhaft (1879–1951), fand mit einem vergleichbaren Versuchsaufbau ganz ähnliche Daten. Weil er aber nichts von der Atom-Theorie hielt, interpretierte er seine Ergebnisse anders. Für ihn war die Streuung der Messergebnisse der Beweis dafür, dass es keine Elementarladung gibt.

Hätte er jedoch die Daten aller seiner Versuche zusammengefasst, dann hätte er erkennen müssen, dass es durchaus eine Häufung um einen bestimmten Wert und die Vielfachen davon gibt. Damit aber hätte auch er einen Beweis für die Existenz der Elementarladung in der Hand gehabt – und seine Überzeugung aufgeben müssen.

In der abgebildeten Grafik, die erst viel später zusammengestellt worden ist, sind ca. 1000 Messergebnisse von Ehrenhaft verarbeitet. Das unterste Profil zeigt die ersten 100 Messwerte, das nächst höhere Profil entsteht durch Addition von weiteren 100 Messwerten zu den ersten usw. Für sich betrachtet zeigen die unteren Profile noch keine Regelmäßigkeit, insgesamt aber erkennt man eine Kurve mit regelmäßig auftretenden Maxima, was Öltröpfchen mit einer, zwei, drei oder mehrfachen Elementarladungen entspricht.

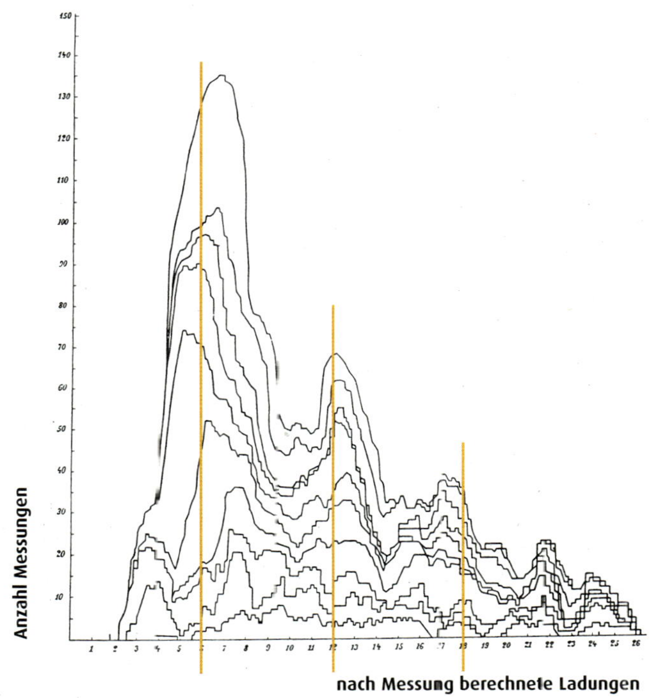

➲ Wie kommt es zu der unterschiedlichen Interpretation der Messwerte durch Millikan und Ehrenhaft?

A Chemische Ringanalyse – Abstimmen über die Wahrheit

Chemische Untersuchungslabors werden nur dann anerkannt (z. B. bei der Erstellung von Gutachten für ein Gerichtsverfahren), wenn sie sich regelmäßig an so genannten Ringanalysen beteiligen. Bei einem solchen Verfahren erhalten mehrere Labore ein und dieselbe Probe zur Untersuchung. Das kann eine Bodenprobe sein, die auf Dioxin untersucht werden soll, oder eine Wasserprobe, deren Gehalt an aromatischen Kohlenwasserstoffen zu bestimmen ist. Die ausgebende Stelle weiß nur ungefähr, wie viel von den zu untersuchenden Stoffen in der Probe enthalten ist. Alle Labors müssen nach genau definierten Analysemethoden arbeiten und anschließend ihre Ergebnisse an eine zentrale Behörde, z. B. an das Chemische Untersuchungsamt eines Bundeslandes, einschicken.

Bei der Auswertung der Ringanalyse werden die eingeschickten Werte nicht mit einem „richtigen" oder „wahren" Wert verglichen – denn den kennt man ja gar nicht. Stattdessen werden alle Werte miteinander verglichen, und als „wahrer" Wert wird derjenige angenommen, dem die meisten Ergebnisse am nächsten kommen. Weichen die von einem Labor ermittelten Werte stark von diesem angenommenen „wahren" Wert ab, muss es sich ein weiteres Mal an einem ähnlichen Test beteiligen. Kommen solche Abweichungen häufiger vor, verliert das Labor seine Lizenz, für Gutachten Analysen zu erstellen.

Szenario einer Ringanalyse

Labor	A	B	C	D	E	F	G	H	I	K	L
gefundener Wert Substanz X	22,5	22,1	21,9	22,2	22,4	24,3	22,1	19,2	22,0	22,4	22,4

Der Gutachter in der zentralen Behörde hat Ergebnisse von 11 verschiedenen Labors erhalten, die an einer Ringanalyse teilgenommen haben. Sie sollten eine Bodenprobe auf ihre Konzentration an einer gesundheitsschädigenden Substanz X untersuchen und haben die in der Tabelle dargestellten Ergebnisse eingesandt. Der Gutachter muss entscheiden, welche der Labors „gut" gearbeitet haben und welche womöglich die Analyse wiederholen müssen oder ihre Zulassung aufs Spiel setzen.

Zur Beurteilung der Untersuchungsergebnisse der Ringanalyse kann es hilfreich sein, wenn du die Daten grafisch darstellst. Doch kannst du aus der Grafik den „wahren" Wert ermitteln? Eine zweite Möglichkeit wäre, den Wert zu berechnen. Wie eindeutig ist dieser Weg?

- Berechne den arithmetischen Mittelwert – und zwar einmal unter Berücksichtigung aller Messwerte, ein zweites Mal, indem du die beiden am stärksten abweichenden Werte (Ausreißer) ausschließt. Was ändert sich? Welche Konsequenzen hat das für die Beurteilung der übrigen Werte?

- Ordne die Messwerte der Größe nach. Gibt es einen Wert der am häufigsten vorkommt? Ist dieser Wert eventuell eher als „wahrer Wert" anzusehen als das arithmetische Mittel?

- Du kannst auch den Zentralwert (= Median) bestimmen; er liegt genau in der Mitte deiner geordneten Messwertreihe: es gibt genauso viele Werte, die größer sind, und genauso viele Werte, die kleiner sind als dieser Wert.

- Erkundige dich nach weiteren statistischen Methoden, um Messreihen auszuwerten und wende sie ggf. an.

- Die von den Laboren eingeschickten Ergebnisse beruhen nicht auf einer einzelnen Messung, sondern werden ihrerseits aus Messreihen ermittelt. Die Ergebnisse werden dann z. B. wie folgt angegeben: 22,3 ± 0,2. Was bedeutet es, wenn ein Labor eine kleine Spannweite für das Ergebnis angibt, was bedeutet eine große Spannweite?

Umgang mit Daten und Messwerten

- Wie viele Messwerte man braucht und mit welcher Genauigkeit sie bestimmt werden müssen, hängt von der Fragestellung ab, die beantwortet werden soll. Je mehr Daten vorliegen, desto sicherer ist im Allgemeinen die daraus abgeleitete Aussage.

- Bei der Auswertung von Daten muss man sich an bestimmte Regeln halten:
  - Alle Daten sind zu berücksichtigen, ein Ausschluss darf nur mit einer Begründung für den Einzelfall erfolgen.
  - Gibt es keine Begründung, muss man die ganze Messreihe verwerfen und z. B. mit einer veränderten Versuchsanordnung wiederholen.

- Die Bewertung und Interpretation von Daten oder Messwerten muss sich immer auf die Ausgangsfrage beziehen. Allerdings müssen auch die Daten angeführt und erläutert werden, die nicht im Einklang mit der Eingangshypothese sind.

- Es sollte einem immer bewusst sein, dass es für einen Satz von Daten vielleicht auch eine andere Interpretation (oder Regelhaftigkeit) gibt. Manchmal gibt es gar keine „richtigen Ergebnisse“ im herkömmlichen Sinn.

- Bei der Zusammenfassung von Messwerten z. B. durch Mittelwertbildung gehen immer Informationen verloren. Dieser Verlust kann nicht dadurch ausgeglichen werden, dass man das Berechnungsergebnis mit vermeintlich großer Genauigkeit (vielen Stellen nach dem Komma) angibt.

- Mit Taschenrechner, PC und Kalkulations-Software können heute große Datenmengen schnell verarbeitet werden. Die Berechnung ersetzt aber nicht die Bewertung!

Regeln, Gesetze, Theorien

Weil sie von guten Ernteerträgen abhängen, beobachten die Bauern seit jeher das Wetter. Dabei erkannten sie Regelmäßigkeiten, die als „Bauernregeln“ formuliert wurden. Eine der Regeln lautet:

„Regnet es am Siebenschläfertag (27. Juni), es noch 7 Wochen regnen mag.“

Im Vergleich zu heutigen Vorhersagen, die das Wettergeschehen bestenfalls einige Tage im Voraus beschreiben, erscheint die Siebenschläfertags-Regel ziemlich waghalsig: Von Wetterereignissen an einem einzelnen Tag wird auf den Verlauf eines ungefähr 50-mal so langen Zeitraums geschlossen. Wertet man allerdings die Daten des deutschen Wetterdienstes über viele Jahre aus und untersucht, ob die Regel zutrifft, kommt man auf eine Wahrscheinlichkeit von immerhin 63 % dafür, dass das Wetter nach dem 27. Juni sieben Wochen lang ähnlich ausfällt wie Ende Juni. In zwei von drei Fällen wird die Wetterlage für den entsprechenden Zeitraum also einigermaßen richtig vorhergesagt. Vom heutigen Standpunkt aus betrachtet, stellt das Erkennen dieser Regelmäßigkeit eine beachtliche Leistung dar – auch wenn die Vorhersage in einem Drittel der Fälle fehlschlägt.

- Welche weiteren Bauern- bzw. Wetterregeln kennst du? Frage auch deine Großeltern oder andere ältere Verwandte.
- Welche weiteren Regeln (außer den Bauern- bzw. Wetterregeln) gibt es im Alltag und in der Wissenschaft?

Regeln fassen Beobachtungen und Ereignisse als „Wenn-Dann-Aussagen“ zusammen. Die meisten Alltagsregeln beruhen auf den Erfahrungen vieler Generationen. Während es für Regeln durchaus Ausnahmen gibt, erlauben Gesetze sehr genaue Vorhersagen über Zeitpunkt, Verlauf und Wirkung eines Ereignisses. Darüber hinaus können sie auf Phänomene aufmerksam machen, die noch zu entdecken sind. Um die Gültigkeit von Gesetzen zu erklären, greift man auf Theorien zurück, die in vielen Fällen die nötigen Modellvorstellungen liefern.

Regeln: Vorhersagen mit begrenzter Reichweite

Verallgemeinernd lässt sich sagen, dass Regeln einen Zusammenhang zwischen bestimmten Beobachtungen formulieren. Die aus einer Regel abgeleiteten Vorhersagen sind aber nicht zwingend; sie treten dementsprechend auch nicht immer ein. Das Erkennen von regelhaften Zusammenhängen war eine wesentliche Voraussetzung für das Überleben der Menschen und ihre kulturelle Entwicklung. Je besser die Jäger in der Frühzeit das Verhalten von Wildtieren einschätzen konnten, desto erfolgreicher waren sie bei der Jagd; je mehr Erfahrungen Handwerker im Umgang mit Erzen und Metallen sammel-

Kräht der Gockel auf dem Mist, ändert sich das Wetter oder es bleibt, wie es ist.

ten, desto besser wurden ihre Werkzeuge und Waffen; je besser die Seeleute die Bewegung der Sterne kannten, desto leichter fanden sie ihre Wege.

Auf der Grundlage des Erfahrungswissens entwickelte sich allmählich ein Verständnis für Zusammenhänge zwischen Ursachen und Wirkungen. Die systematische Untersuchung solcher Regelmäßigkeiten führte schließlich zur Entwicklung der Wissenschaften. Tatsächlich sind die Fragen, die sich im Alltag und in der wissenschaftlichen Forschung stellen, oft sehr ähnlich: Wird sich ein bestimmtes Ereignis wiederholen? Tritt es regelmäßig auf? Gibt es erkennbare äußere Ursachen oder Anzeichen? Kann man Zeitpunkt, Verlauf und Folgen des Ereignisses vorhersagen?

Bei der Suche nach den Antworten muss man bedenken, dass manche Phänomene regelmäßig gemeinsam auftreten, ohne dass das eines die Ursache für das andere ist. Ein klassisches Beispiel ist die Beobachtung, dass die Anzahl der Kinder mit der Anzahl der Störche korreliert. Obwohl sich der Zusammenhang zwischen der Storchen-Population und der Geburtenrate für manche Regionen sogar statistisch belegen lässt, weiß heute jeder, dass die Kinder nicht von den Störchen gebracht werden.

Einige wissenschaftliche Erfahrungswerte und Regeln haben unmittelbaren Einfluss auf den Alltag. Z. B. gibt es strikte Vorschriften darüber, wie und bei welchen Temperaturen Speisen gelagert werden müssen, die aus rohen Eiern zubereitet wurden. Die entsprechende gesetzliche Verordnung (vgl. S. 73) beruht auf dem biologischen Phänomen, dass Lebensmittel Krankheitserreger, z. B. Salmonellen, enthalten können, deren Wachstum und Vermehrung von der Temperatur abhängen. Die meisten chemischen Reaktionen, also auch die Stoffwechelprozesse, laufen nämlich bei einer Temperaturerhöhung um 10 Grad Celsius mit doppelter Geschwindigkeit ab. Dieser regelmäßige Zusammenhang ist als RGT-Regel bekannt (vgl. S. 74).

Das Bakterienwachstum auf Nähragar-Böden folgt zwischen 10 und 40 °C in etwa der RGT-Regel

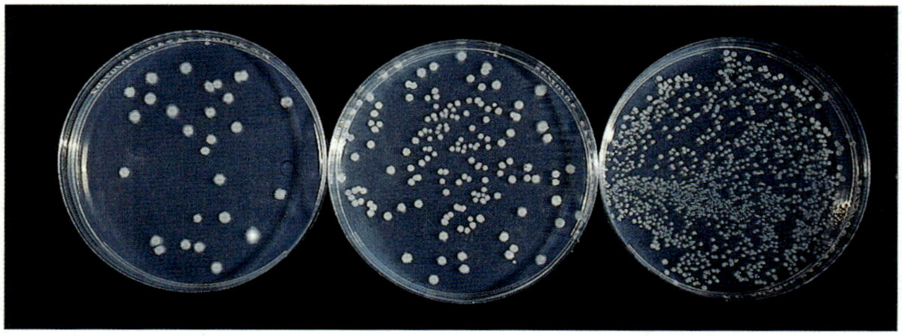

Bei vielen chemischen Reaktionen gilt die RGT-Regel für einen relativ großen Temperaturbereich. Es gibt jedoch auch Reaktionen, bei denen die Rektionsgeschwindigkeit mit steigender Temperatur abnimmt oder bei sehr niedrigen Temperaturen evtl. gar nicht mehr stattfindet. Im Falle der krankheitserregenden Salmonellen findet unterhalb einer Minimaltemperatur kein sichtbares Wachstum statt. Bei längerer Einwirkung von sehr hohen Temperaturen (über 60 °C) werden die Proteine in den Zellen irreversibel verändert, und es kommt zur Abtötung der Bakterien. Für den Alltag ist daraus zu schließen, dass Speisen mit rohen Eiern entweder gekühlt oder gekocht werden müssen, damit sie nicht verderben.

Die Konservierung von Lebensmitteln durch Kühlen oder Erhitzen war schon früh in der Menschheitsgeschichte bekannt.

Nenne Beispiele.

Trotz des Fortschritts der Wissenschaften können noch immer nicht für alle Erscheinungen Regeln angegeben werden. Für das Auftreten von Erdbeben beispielsweise kennt man zwar die wichtigsten Ursachen – die Verschiebung der Kontinente sowie Bruchvorgänge an den Rändern von aufeinander aufgleitenden Kontinentalplatten. Trotzdem konnten bisher noch keine zuverlässigen Vorhersageregeln für Erdbeben entwickelt werden. Aus den in einem dichten weltweiten Netz registrierten Erdbebenwellen lassen sich allenfalls kurzfristige Warnungen ableiten.

A Die Hühnereier-Verordnung: naturwissenschaftliche Regeln im Alltag

Zum Schutz vor Salmonellen-Infektionen gilt in Deutschland die „Frischei-Lebensmittel-Verordnung“ oder Hühnereier-Verordnung. Dort heißt es: „Roheihaltige Speisen, die unerhitzt verzehrt werden, müssen für den unmittelbaren Verzehr an Ort und Stelle bestimmt sein oder innerhalb von 2 Stunden auf +7° Celcius abgekühlt und innerhalb von 24 Stunden abgegeben werden.“
Bekannt ist, dass Bakterien und andere einzellige Lebewesen für den Verderb von Lebensmitteln verantwortlich sind. Darüber hinaus weiß man relativ genau, wie die Vermehrung dieser Lebewesen von der Temperatur abhängt.
Als Modell für den „mikrobiellen Verderb“ kann man das Bakterienwachstum auf einem Nährboden betrachten. Die Größe der von den Bakterienkolonien bedeckten Fläche hängt außer von der Zeit auch von der Temperatur ab:

Temperatur in °C	-10	0	+10	+20	+30	+40	+50	+60
von Bakterien bedeckte Flächeneinheiten	?	?	4	8	16	32	?	?

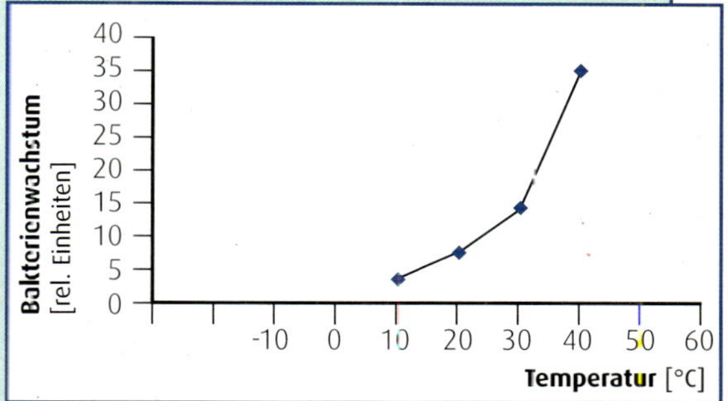

Formuliere den Zusammenhang zwischen Temperatur und Wachstum der Mikroorganismen zwischen 10 und 40 °C in Worten.

- Bei vielen chemischen Prozessen kann man ähnliche Zusammenhänge feststellen wie beim Salmonellenwachstum, z. B. wenn eine Substanz in Wasser aufgelöst oder wenn ein Metall durch Säure angeätzt wird. Wie lässt sich der Zusammenhang zwischen Temperatur und beobachteter Reaktion allgemein beschreiben?

Die Regelmäßigkeit des Bakterienwachstums legt es nahe anzunehmen, dass sich der Graph nach beiden Seiten entsprechend fortsetzt. Für 50 °C würde man dann 64 Flächeneinheiten erwarten, für 60 °C 128 Einheiten usw. Umgekehrt sollte die Bakterienkultur bei 0 °C auf nur 2 Flächeneinheiten wachsen und bei -10 °C auf 1 Flächeneinheit. Im Experiment ist jedoch keine Vermehrung zu beobachten.

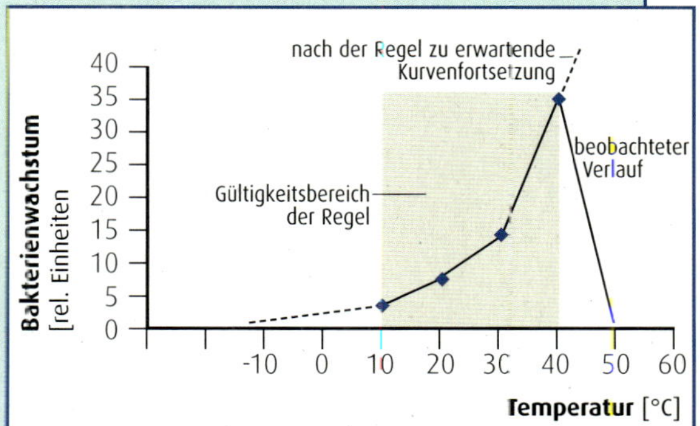

Versuche zu erklären, weshalb die Regel für den beobachteten Zusammenhang zwischen Temperatur und Wachstum der Bakterien offensichtlich Grenzen hat.

- Überlege dir, was mit dem Stoffwechsel eines Organismus üblicherweise bei sehr niedrigen Temperaturen passiert, z. B. beim Winterschlaf.
- Welche Gefahr droht bei Hitze? Denke vor allem an die körpereigenen Proteine.

A RGT: Regeln haben Ausnahmen

Gegen Ende des 19. Jahrhunderts fand der niederländische Physikochemiker Jacobus Hendricus van't Hoff (1852–1911) positive Korrelationen zwischen der Geschwindigkeit einer (bio-)chemischen Reaktion und der jeweiligen Umgebungstemperatur. Den Zusammenhang beschrieb er als **R**eaktions**g**eschwindigkeit-**T**emperatur-Regel (RGT), heute auch van't Hoffsche Regel genannt. Die **RGT-Regel** besagt, dass eine Temperaturerhöhung um 10 °C die Geschwindigkeit einer chemischen Reaktion jeweils verdoppelt. Van't Hoff war der Auffassung, dass die Regel für sämtliche chemischen Reaktionen sowohl in der unbelebten als auch in der belebten Natur gilt. Wie streng der Zusammenhang wirklich gilt, lässt sich mithilfe von Hühnereiweiß überprüfen:
Je länger man Eier kocht, desto härter werden sie. Die Denaturierung des Eiweißes beginnt jedoch nicht erst bei 100 °C. Ein Anzeichen für die Denaturierung ist die Trübung des Eiklars. Um herauszufinden, welchen Einfluss die Temperatur auf die Veränderung von Hühnereiweiß hat, kann man kleine Portionen Eiweiß in Reagenzgläser mit unterschiedlich temperiertem Wasser geben.

Erstelle mit den Werten aus der Tabelle einen Graphen und überprüfe, ob bzw. wie gut die RGT-Regel für die Denaturierung des Hühnereiweißes im beobachteten Temperaturbereich gilt.

Temperatur	Beobachtungen		
40 °C	keine Trübung,	auch nach 60 min noch nicht hart	
60 °C	30 min bis Trübung,	nach 60 min noch nicht hart	
65 °C	120 sec bis Trübung,	nach 7–8 min fest	
70 °C	60 sec bis Trübung,	nach 90 sec fest,	nach 6 min hart
75 °C	35 sec bis Trübung,	nach 60 sec fest,	nach 3 min hart
80 °C	20 sec bis Trübung,	nach 40 sec fest,	nach 170 sec hart
85 °C	12 sec bis Trübung,	nach 30–33 sec fest,	nach 145 sec hart
90 °C	10 sec bis Trübung,	nach 30 sec fest,	nach 90–95 sec hart

Gesetze: Regeln mit großer Reichweite und ohne Ausnahmen

Von einem **Gesetz** spricht man immer dann, wenn ein beschriebener Zusammenhang zwischen zwei messbaren Eigenschaften oder Größen (mehr oder weniger) universell gilt und keine Ausnahmen bekannt sind. So beschreiben die Ohmschen Gesetze z. B. den Zusammenhang zwischen Stromstärke und Spannung. Andere Gesetze der Physik stellen Beziehungen her zwischen Masse, Kraft, Geschwindigkeit oder Impuls.
Nicht ganz eindeutig von den Gesetzen zu trennen ist die Bezeichnung **Prinzip**. Von Prinzipien spricht man oft dann, wenn man einen allgemeinen und besonders weitreichenden Zusammenhang gefunden hat. Ein Beispiel ist das Kausalitätsprinzip, das besagt, dass jeder Ursache eindeutig eine Wirkung zuzuordnen ist und dass umgekehrt jede Wirkung eine Ursache hat.

Wenn man das Kausalitätsprinzip auf einen speziellen Fall anwendet – z. B. in der Mechanik –, dann lässt sich der betreffende Zusammenhang in den meisten Fällen durch ein Gesetz beschreiben. So gilt z. B.:

„Kraft = Gegenkraft" ($\vec{F}_1 = -\overleftarrow{F}_2$).

Eines der ersten physikalischen Gesetze war das von Galilei formulierte Fallgesetz. Es beschreibt den Zusammenhang zwischen der Geschwindigkeit eines fallenden Körpers und der Fallstrecke bzw. Fallzeit (vgl. S. 77).

Bemerkenswert ist, dass sich Körper nur dann exakt gemäß dem Fallgesetz verhalten, wenn sie reibungsfrei fallen, d. h. in einem luftleeren Raum, also im Vakuum. Aufgrund des Luftwiderstands gibt es in der Alltagswelt aber keine reibungsfreien Bewegungen. Im Unterschied zu Galileis Zeit kann man heute ein Vakuum leicht herstellen und damit zeigen, dass das Fallgesetz auch für Körper unterschiedlicher Formen und Massen gilt. Umso bemerkenswerter war die Leistung Galileis, der es verstand, von den realen Störfaktoren abzusehen. Seine Beobachtungen fasste er sogar in eine mathematische Formel (vgl. S. 77).

Systematisch zu experimentieren und die Mathematik zur Beschreibung von Naturprozessen einzusetzen, war zu Galileis Zeiten etwas völlig Neues, das aber die weitere Entwicklung der Naturwissenschaften erheblich beschleunigte. Galilei wurde zum Begründer der Naturwissenschaft Physik. Mit der Beschreibung gesetzmäßig verlaufender Vorgänge stieß er allerdings an die Grenzen des damaligen Wertesystems. Besonders für die Kirche war es undenkbar, dass Naturvorgänge nicht nach Gesetzen ablaufen sollten, die von Gott gegeben und damit zwar regelhaft, aber dennoch undurchschaubar waren, sondern sich plötzlich nach einer von Menschen erdachten Mathematik richten sollten. Galilei entging dem drohenden Vorwurf der Gotteslästerung und der damit verbundenen Folter nur dadurch, dass er mit der „Als-ob-Methode" argumentierte. Zu seiner Rettung postulierte er, dass sich die Naturphänomene nur so verhielten, als würden sie einem bestimmten mathematischen Gesetz folgen. Erst 1992, dreihundertfünfzig Jahre nach seinem Tod, hob die katholische Kirche den ursprünglichen Vorwurf der Ketzerei gegen Galilei endgültig auf.

Mit dem Auffinden von grundlegenden Gesetzen änderte sich vieles: Ihre Gültigkeit konnte und musste bei jeder Entdeckung eines neuen Phänomens überprüft werden. Darüber hinaus stellte sich heraus, dass Gesetze auch auf Beobachtungslücken hinweisen können, also auf noch nicht bekannte Phänomene. Bei der Berechnung der Planetenbahnen im Sonnensystem stieß man beispielsweise auf Unregelmäßigkeiten, die zunächst nicht zu erklären waren. Die Berechnungen waren sehr aufwändig, weil die Anziehungskräfte aller Himmelskörper untereinander berücksichtigt werden mussten. Beim Vergleich der Rechenergebnisse mit astronomischen Beobachtungen zeigte sich, dass der Planet Uranus im wahrsten Sinn des Wortes aus der Reihe tanzte. Aus den „Unregelmäßigkeiten" des Uranus schlossen der französische Astronom Urbain Leverriere und der Brite John Adams 1846 auf die Existenz eines weiteren Planeten. Auf dem

Nach dem Fallgesetz fallen gleichgroße Körper immer gleichschnell – auch wenn ihr Gewicht verschieden ist.

Papier und im Vertrauen auf die von Isaac Newton formulierten Grundgesetze der klassischen Mechanik berechneten sie die mutmaßliche Umlaufbahn und Masse eines Körpers im Weltraum, der die beobachtete Abweichung des Uranus verursachen konnte. Ihre Hypothese teilten sie verschiedenen Observatorien mit. Nach vielen Zweifeln und langer Beobachtung fand man tatsächlich den gesuchten Planeten zur berechneten Zeit und am berechneten Ort im Nachthimmel. Er wurde Neptun genannt.

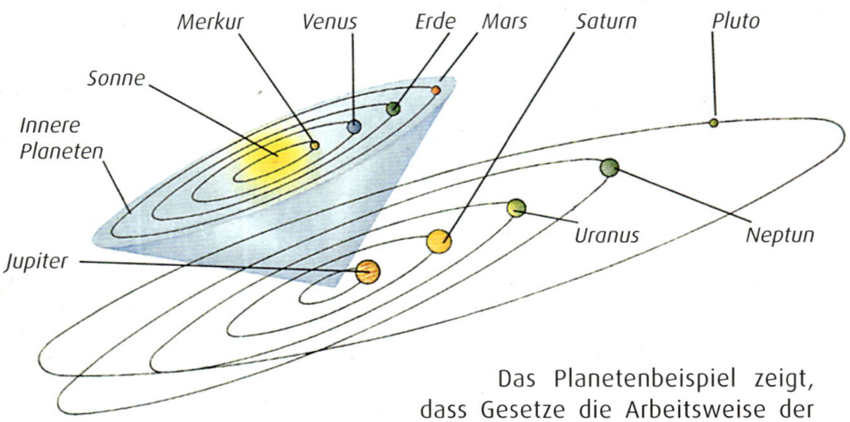

Umlaufbahnen der Planeten: Einige, darunter die Erde, umrunden die Sonne auf fast kreisförmigen Ellipsen, Andere, z. B. Pluto, folgen lang gestreckten elliptischen Bahnen.

Das Planetenbeispiel zeigt, dass Gesetze die Arbeitsweise der Naturwissenschaften grundlegend erweitern. Ursprünglich ging man meistens wie folgt vor: Es wurden Daten gesammelt, dann geordnet und nach Möglichkeit systematisiert; es wurde versucht, einen Kausalzusammenhang zu erkennen und schließlich eine Regel oder, noch besser, ein mathematisch formulierbares Gesetz.

Stets war das Ziel, mit einem Gesetz möglichst viele Beobachtungen widerspruchsfrei zu erklären. Hatte man aber erst Gesetzmäßigkeiten, dann konnte man davon ausgehend nach Phänomenen suchen, die die bekannten Beobachtungen ergänzten.

Inzwischen finden immer häufiger Untersuchungen und Experimente statt, die – anders als in früheren Zeiten – von einem Gesetz, einer Idee oder einer theoretischen Überzeugung ausgehen, statt zur Entwicklung eines Gesetzes zu führen.

Theorien – mehr als Gesetze?

Als **Theorie** bezeichnet man ein System von Gesetzen, Modellen und Regeln, das sich mit einem bestimmten Teil der Wirklichkeit beschäftigt. Sucht man in einem Lexikon oder im Internet unter den Begriffen „Theorie“ und „Naturwissenschaften“, dann findet man z. B. die Evolutionstheorie, die Relativitätstheorie, die Theorie der elektroschwachen Wechselwirkung oder die Kinetische Gastheorie.

Wie eine Theorie beobachtete und berechnete Gesetzmäßigkeiten erklärt, kann man sich am Beispiel der Kinetischen Gastheorie klar machen, die Modellvorstellungen für die drei physikalischen Gasgesetze von Boyle-Mariotte, Gay-Lussac und Amontons liefert (vgl. S. 79). Darüber hinaus erklärt sie auch, warum die Gesetze nicht unbegrenzt gültig sind. Die Gasgesetze gelten z. B. nur dann, wenn ein Gas nicht allzu sehr komprimiert wird. Werden die Teilchen eines Gases auf sehr kleinem Raum zusammengedrängt, kommt es zu Wechselwirkungen. Das führt beim Wasser dazu, dass H_2O zwischen 0 °C und 100 °C nicht als Wasserdampf vorliegt, sondern flüssig ist.

Ein weiteres Beispiel, das zeigt, wie ein Gesetz in eine Theorie eingebettet ist, ist der Zusammenhang zwischen dem Gesetz von der Erhaltung der Masse und der Einsteinschen Relativitätstheorie: Das Gesetz von der Erhaltung der Masse wurde von dem französischen Chemiker Antoine Laurent Lavoisier (1743–1794) formuliert. Es besagt, dass bei chemischen Reaktionen Materie weder verloren gehen noch neu entstehen kann. Die Masse aller Reaktionspartner bleibt immer dieselbe. Die Aussage des Gesetzes stand im Einklang mit der damaligen Vorstellung, dass die Materie aus unzerstörbaren Grundbausteinen aufgebaut sei. Tatsächlich kommt der Begriff Atom vom griechischen atomos, was soviel heißt wie „unteilbar“. Zu Beginn des 20. Jahrhunderts entdeckte man dann aber den radioaktiven Zerfall, bei dem nicht nur Atome in gänzlich andere Atomsorten zerfielen, sondern bei dem auch winzige Massenverluste auftra-

Galilei und das Fallgesetz

Der „gesunde Menschenverstand“ geht wie selbstverständlich davon aus, dass eine aus dem Fenster geworfene Eisenkugel eher auf dem Boden aufschlägt als eine gleich große, wesentlich leichtere Styroporkugel. Diese Vorstellung beruht auf der alltäglichen Erfahrung beim Heben unterschiedlich schwerer Gegenstände. Das schwerer zu Hebende wird stärker von der Erde angezogen als das Leichtere – deshalb nimmt man an, dass es auch schneller fällt.
Der italienische Naturwissenschaftler Galileo Galilei (1564–1642) übernahm 1589 eine Professur in Pisa. Dort untersuchte er das Verhalten fallender Körper. Galilei experimentierte mit Holz- und Eisenkugeln gleicher Größe. Beide Kugeln ließ er aus gleicher Höhe fallen – angeblich vom schiefen Turm von Pisa. Nachdem er sie losgelassen hatte, ermittelte er die Zeit bis zum Auftreffen. Das Ergebnis war, dass die Kugeln die Fallstrecke trotz ihrer unterschiedlichen Masse in der gleichen Zeit „durchfielen“.

Bei seinen Versuchen machte Galilei eine zweite Beobachtung: Er stellte fest, dass die Geschwindigkeit eines Körpers beim Fallen zunimmt. Daraufhin versuchte er, die Veränderung der Geschwindigkeit auf der Fallstrecke systematisch zu untersuchen. Jedoch ließen sich weder die Fallzeiten noch die „durchfallenen“ Strecken mit den einfachen Instrumenten der damaligen Zeit – für die Zeitmessung benutzte Galilei Wasseruhren – exakt bestimmen. Trotz der Ungenauigkeiten konnte er feststellen, dass es große Ähnlichkeiten gibt zwischen dem freien Fall und dem Abrollen einer Kugel auf einer schiefen Ebene. In beiden Fällen nimmt die Geschwindigkeit stetig zu. Auf der schiefen Ebene ist die Geschwindigkeitszunahme viel besser zu beobachten, weil die Kugel dort langsamer rollt als sie fällt.

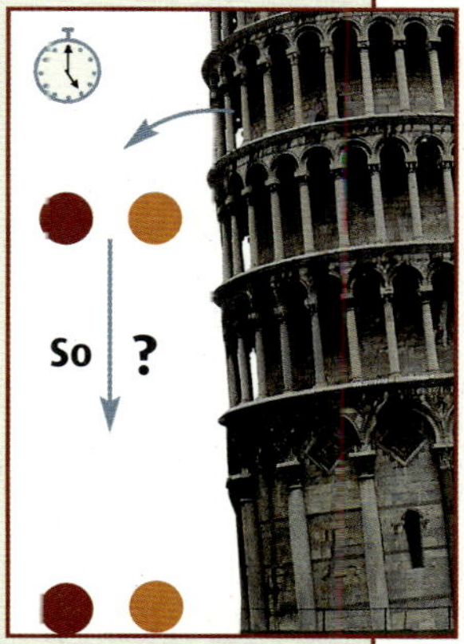

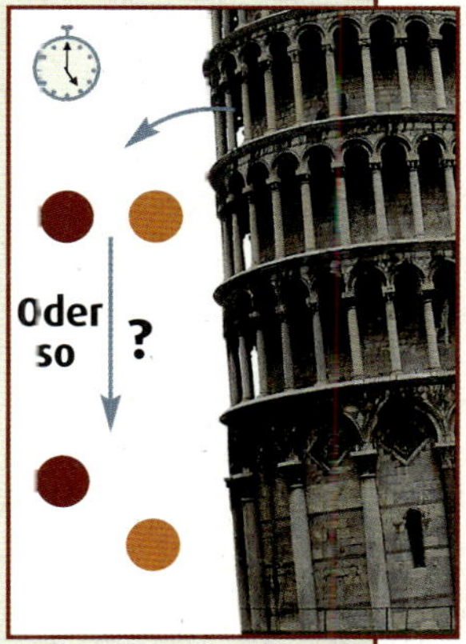

Ob Galilei tatsächlich den Schiefen Turm von Pisa für seine Fallversuche benutzt hat, ist fraglich. Auch darüber, wie er die Fallzeiten gemessen hat, gibt es verschiedene Ansichten.

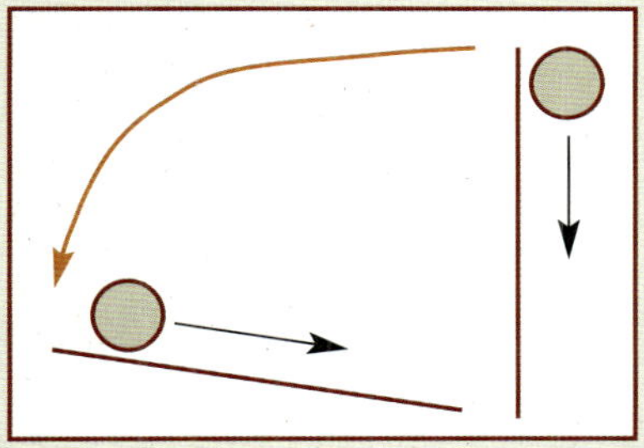

im x-ten Zeit-Intervall...	1.	2.	3.	4.	5.	6.	n
...durchrollte Strecke	1	3	5	7	9	11	
insgesamt durchrollte Strecke	1	4	9	16	25	36	n^2

Galilei fand heraus, dass sich die in aufeinanderfolgenden Zeitintervallen durchlaufenen Strecken zueinander verhalten wie die Folge der ungeraden Zahlen. Diese Regelmäßigkeit war weitgehend unabhängig von der Neigung der schiefen Ebene, von der Größe der Kugel und ihrem Gewicht. Schließlich beschrieb der Wissenschaftler den Zusammenhang zwischen der insgesamt zurückgelegten Strecke und der Zeit: Der zurückgelegte Weg ist dem Quadrat der verstrichenen Zeit proportional: $s \sim t^2$.
Galilei war es gelungen, den „freien Fall“ der Kugeln als gleichmäßig beschleunigte Bewegung zu interpretieren und den Zusammenhang zwischen Geschwindigkeit und Fallstrecke bzw. Fallzeit als Formel auszudrücken. Galilei war selber begeistert, als er feststellte, dass sich ein Naturphänomen in der Sprache der Mathematik beschreiben ließ. Heute lautet das Fallgesetz:

$$s = 1/2\ g \cdot t^2$$

s = zurückgelegte Strecke **g** = Erdbeschleunigung (9,81 m/sec^2) **t** = Zeit

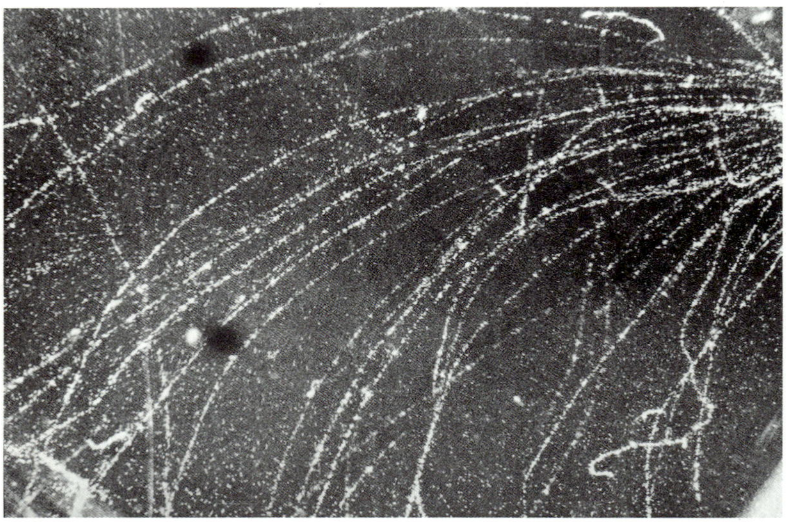

In England gebaute Nebelkammer aus dem Jahr 1911 (oben) sowie Kondensationsspuren von β-Strahlen einer natürlichen radioaktiven Quelle (unten)

ten. Dafür lieferte Einsteins (spezielle) Relativitätstheorie, in der bekannten Formulierung

$$E = m \cdot c^2$$

E = Energie; **m** = Masse; **c** = Lichtgeschwindigkeit

eine Erklärung. Die bei den Zerfallsprozessen „verschwindende" Masse wandelt sich danach in eine entsprechend große Energiemenge um. Umgekehrt besagt die Einsteinsche Formel auch, dass eine Energiezunahme immer mit einer Zunahme der Masse verbunden ist. Allerdings sind die Energieumsätze bei chemischen Reaktionen im Vergleich zum radioaktiven Zerfall so klein, dass keine experimentell beobachtbaren Massenänderungen verursacht werden. Unter den „Normalbedingungen" der Chemie gilt also weiterhin das Gesetz der Erhaltung der Masse.

In einer Nebelkammer kann man den „radioaktiven Zerfall" von Masse sichtbar machen. Bei der von dem Engländer C. T. R. Wilson im Jahr 1911 entwickelten Versuchsanordnung handelt es sich um ein Gefäß, das mit feuchtem Gas (Luft, Wasserstoff oder Helium) gefüllt ist. Durchqueren atomare oder subatomare Teilchen die Kammer, wirkt ihre elektrische Ladung als Kondensationskeim. Der an den Ionen kondensierende Wasserdampf hinterlässt feine Spuren – ähnlich den Kondensstreifen hochfliegender Flugzeuge.

Große Theorien

Im Laufe der letzten 100 Jahre konnten immer mehr Gesetze in Theorien und Theorien in noch umfassendere „Große Theorien" zusammengefasst werden. Die Naturwissenschaften machen mit diesen Theorien und Gesetzen Aussagen über Objekte, die Millionen Lichtjahre von der Erde entfernt sind, und spekulieren über den Zustand des Universums kurz nach seiner Entstehung vor ungefähr 15 Mrd. Jahren.

Trotz intensiver Bemühungen ist es aber noch nicht gelungen, alle Theorien zu einem geschlossenen Theoriegebäude zusammenzufassen. So lassen sich z. B. die Theorie der Gravitation und die der anderen Kräfte und Teilchen derzeit noch nicht vereinen. Die so genannte „Super-Theorie" oder „Grand Unified Theory" steht noch aus.

Sie würde voraussetzen, dass die Welt in letzter Instanz auf bestimmten fundamentalen Konstituenten und ihren Wechselwirkungen beruht.

A Die kinetische Gastheorie als Modellvorstellung für die Gasgesetze

In der Chemie und Physik kennt man seit mehr als 200 Jahren die Gesetzmäßigkeiten, mit denen das Verhalten von Gasen beschrieben wird.

1662 entdeckte der englische Naturforscher **Robert Boyle** experimentell einen Zusammenhang zwischen Druck und Volumen der Luft. Seine Beobachtungen fasste er in eine mathematische Formel. Das nach ihm und dem französischen Physiker **Edme Mariotte** benannte Gesetz besagt, dass bei konstanter Temperatur das Volumen eines Gases abnimmt, wenn man den Druck erhöht.

Gesetz von Boyle-Mariotte:
$p_1 \cdot V_1 = p_2 \cdot V_2$ **bei T = const.**
p = Druck, V = Volumen,
T= Temperatur in Grad Kelvin

Rund 150 Jahre später stellte der Franzose **Joseph Gay-Lussac**, Professor für Physik an der Pariser Sorbonne, ein nach ihm benanntes Gesetz zur Wärmeausdehnung von Gasen auf. Es besagt, dass sich ein Gas ausdehnt, wenn man seine Temperatur erhöht und dabei den Druck konstant hält.

Gesetz von Gay-Lussac:
$V_1/T_1 = V_2/T_2$ **bei p = const.**

Das dritte Gasgesetz wurde ebenfalls von einem Franzosen gefunden – und zwar von dem Physiker **Guillaume Amontons**. Er entwarf eine Art Heißluftmaschine und stellte dabei fest, dass in einem abgeschlossenen Gasbehälter der Druck bei Erhöhung der Temperatur zunimmt.

Gesetz von Amontons:
$p_1/T_1 = p_2/T_2$ **bei T = const.**

Die drei Gesetze erklären nicht, sie beschreiben lediglich immer wieder zu beobachtende Zusammenhänge. Erst die Kinetische Gastheorie liefert das Modell zur Erklärung der Gesetzmäßigkeiten. Die Theorie arbeitet mit der modellhaften Vorstellung, dass ein Gas aus vielen gleichartigen Teilchen besteht, die ständig in ungeordneter Bewegung sind. Sie bewegen sich unterschiedlich schnell und in alle denkbaren Richtungen. Wenn die Teilchen zusammenstoßen, dann verhalten sie sich wie elastische Kugeln, d. h. sie ändern ihre Bewegungsrichtung. Zwischen zwei Zusammenstößen bewegen sie sich unabhängig voneinander, gleichförmig und geradlinig, ohne eine bestimmte Richtung zu bevorzugen. Solange sie sich nicht berühren, üben sie keine Kräfte aufeinander aus. Auch der Zusammenstoß mit einer Gefäßwand gilt als elastischer Stoß.

Mit dieser Modellvorstellung lassen sich die Gasgesetze erklären: Die Erhöhung der Temperatur bedeutet in dem Modell, dass sich die Teilchen durchschnittlich schneller bewegen. Man kann sich vorstellen, dass der Zusammenstoß mit der Gefäßwand jetzt heftiger ist und dazu führt, dass sich das Volumen vergrößert, wenn es möglich ist.

Nach der kinetischen Gastheorie kann man sich die Aussage des Gay-Lussac-Gesetzes so vorstellen, dass sich eine bestimmte Anzahl Teilchen in einem Gefäß mit einem verschiebbaren Kolben bewegt. Erhöht man die Temperatur, bewegen sich die Teilchen schneller, es kommt zu heftigeren Zusammenstößen mit der Gefäßwand, und der Kolben wird nach oben gedrückt.

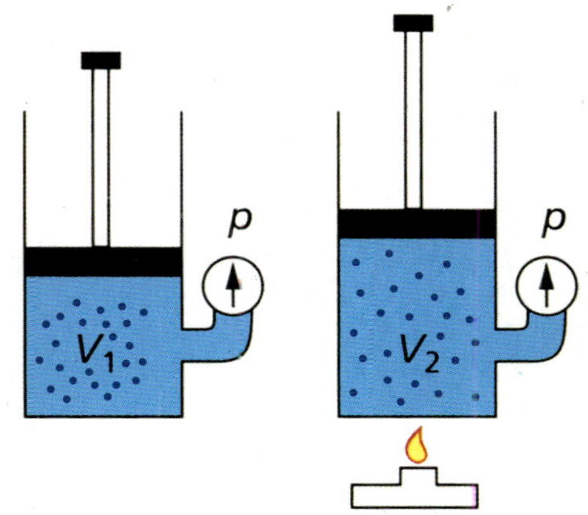

Modellvorstellung zum Gay-Lussac-Gesetz

Versuche die Gesetze von Boyle-Mariotte und Amontons mithilfe der Modellvorstellung der kinetischen Gastheorie zu erklären. Fertige dazu geeignete Skizzen an, in die du die Bewegung der Gasteilchen einzeichnest.

A Folgt die Natur einfachen Regeln?

Von Anfang an versuchte man bei der Formulierung von Regeln und Gesetzen, die gefundenen Ursache-Wirkungs-Zusammenhänge möglichst einfach und klar darzustellen. Auch bei neu entdeckten Phänomenen hielt man einfache Erklärungsmuster für wahrscheinlicher als komplizierte. Viele Naturforscher und Wissenschaftler glaubten schließlich, dass sich die Natur selbst grundsätzlich nach einfachen Regeln verhielte. Diese Vorstellung wurde als **Gesetz der Einfachheit** oder **Sparsamkeitsregel** bzw. als **Parsimonieprinzip** bezeichnet.
Tatsächlich führten neue Erkenntnisse oft dazu, dass komplizierte Deutungsmuster wesentlich vereinfacht werden konnten: Solange man glaubte, dass die Erde im Mittelpunkt der Welt steht, bewegten sich die Planeten in komplizierten, aber regelmäßigen Schleifen am Himmel. Nachdem Kopernikus das Heliozentrische Weltbild entwickelt hatte, bei dem die Sonne im Zentrum steht, konnte man die Planetenbewegung angenähert als Kreisbahnen beschreiben.
Dass die Vorstellung von einfachen Zusammenhängen ganz verschiedene Auswirkungen auf die Entwicklung der Naturwissenschaften hatte, zeigen die beiden folgenden Beispiele:

- Der britische Physiker und Chemiker **John Dalton** (1766–1844) untersuchte, in welchen Massenverhältnissen sich die – damals bekannten – Elemente miteinander verbinden. Bezugsgröße war der Wasserstoff als leichtestes Element, dessen relative Masse der Wissenschaftler mit 1 festsetzte. Wenn man die relativen Atommassen der übrigen Elemente kennen würde, so Daltons Überlegung, dann könnte man erklären, in welchem Gewichtsverhältnis sie sich miteinander verbinden, und man wüsste die „Formeln" für die entsprechenden Verbindungen.
  Dalton war sich bewusst, dass es für die Verbindung zwischen zwei Stoffen A und B verschiedene Möglichkeiten gab: Z. B. konnte sich ein Teil (bzw. Teilchen) des Stoffs A mit einem Teil (bzw. Teilchen) des Stoffes B zu der Verbindung AB verbinden oder ein Teil A mit zwei Teilen B zu A1B2 usw. Da Dalton bei seinen Untersuchungen und Überlegungen Neuland betrat, musste er eine Entscheidung treffen. Er ging davon aus, dass in der Natur immer die einfachste Möglichkeit zutrifft.
  Dem von ihm als „Regel der Einfachheit" bezeichneten Prinzip folgend nahm er für die Zusammensetzung des Wassers aus Wasserstoff und Sauerstoff ein Zahlenverhältnis von 1 : 1 an: In einem Teilchenpaket Wasser sollten also je ein Wasserstoff- und ein Sauerstoffatom enthalten sein. Die entsprechende Formel würde H_1O_1 lauten. Inzwischen weiß man, dass Daltons Schlussfolgerung nicht zutrifft und dass ein Wassermolekül aus einem Sauerstoffatom und zwei Wasserstoffatomen aufgebaut ist (H_2O). Dennoch waren Daltons Überlegungen für die weitere Entwicklung der Chemie äußerst bedeutsam.

- Als der russische Chemiker **Dimitri Mendelejev** (1834–1907) die zu seiner Zeit bekannten chemischen Elemente nach verschiedenen Eigenschaften ordnete und als „Periodisches System der Elemente" veröffentlichte, wurde ihm der Vorwurf gemacht, er verstoße gegen das „Parsimonieprinzip". Sein System enthielt nämlich leere Plätze, von denen er behauptete, es fehlten noch zu entdeckende Elemente. Tatsächlich wurden die entsprechenden Elemente in den darauffolgenden Jahrzehnten aufgrund der von ihm postulierten Eigenschaften auch gefunden (vgl. S. 24f).

Wissenschaftler benutzten zu unterschiedlichen Zeiten ganz unterschiedliche Begriffe für die Vorstellung, dass die Zusammenhänge in der Natur immer möglichst einfach sein sollten. Was spricht dafür, die Vorstellung von einfachen Zusammenhängen in der Natur als Regel bezeichnen? Weshalb mögen manche Forscher finden, dass der Begriff Gesetz besser zutrifft? Warum sprechen wiederum andere von einem Prinzip?

Regel – Gesetz – Prinzip – Theorie

Die Bezeichnungen „Regel", „Gesetz", „Prinzip" und „Theorie" werden in den Naturwissenschaften oft in ähnlicher Bedeutung benutzt. Genau genommen gibt es aber Unterschiede:

- Von einer **Regel** spricht man meistens dann, wenn man einen Zusammenhang feststellt, der sich nicht so leicht in Zahlen ausdrücken lässt. Oft handelt es sich um eine Beziehung von der Art „je..., desto...". Regeln gelten im Allgemeinen nicht streng: Es gibt Ausnahmen; oft ist auch der Gültigkeitsbereich einer Regel begrenzt.

- Ein **Gesetz** kann man meistens durch eine mathematische Formel beschreiben. Voraussetzung ist eine eindeutige Beziehung zwischen zwei messbaren Eigenschaften bzw. Größen. Gesetze kennen (eigentlich) keine Ausnahmen. Weil sie aber streng genommen nur für idealisierte Verhältnisse gelten, findet man in der Realität oft Abweichungen. Zu den „störenden Einflüssen" gehören z. B. die Reibung, der Luftwiderstand, die Materialeigenschaften und anderes mehr.

- Von einem **Prinzip** spricht man oft bei allgemeinen und besonders weitreichenden Zusammenhängen. Hat sich ein Prinzip in vielen Fällen bewährt, so wird versucht, den entsprechenden Zusammenhang in einem Gesetz zu beschreiben.

- **Theorien** sind umfassende Gedankengebäude, die mehrere Gesetze für einen bestimmten Beobachtungsbereich zusammenfassen. Theorien beruhen meistens auf einem mehr oder weniger anschaulichen Modell, mit dem man begründen kann, warum Gesetze in bestimmten Zusammenhängen gültig sind.

Systeme modellieren

Manche Zusammenhänge sind zu kompliziert, um sie gedanklich zu erfassen. Für die Untersuchung eines solchen komplexen Sachverhalts kann es hilfreich sein, ein abstraktes Modell zu entwickeln, das wie eine Art „Hochrechnung" funktioniert. Voraussetzung für die Modell-Entwicklung ist eine möglichst genaue Beschreibung und Analyse des Systems, in dem der zu untersuchende Sachverhalt eine Rolle spielt.

Die Frage, ob ein Elektro- oder ein Dieselbus umweltfreundlicher fährt, scheint auf den ersten Blick einfach und sicher zu beantworten: Der Elektrobus verursacht an seinem Einsatzort keine Luftbelastung. Die Abgase eines Diesel getriebenen Busses addieren sich dagegen zu den ohnehin vorhandenen Belastungen der Stadtluft. Fährt der Bus dann noch ohne modernen Dieselkatalysator, steigert das krebserregende Potenzial einiger Abgasinhaltsstoffe die Gesundheitsgefahren für die Menschen in der Stadt.

Auf den zweiten Blick wird deutlich, dass diese Betrachtungsweise ziemlich kurzsichtig ist: Der Oberleitungsbus erhält seine Energie aus einem Stromnetz, das von einem Kraftwerk gespeist wird. Dort wird zur Bereitstellung der elektrischen Energie z. B. Kohle verbrannt. Bei der Verbrennung werden Abgase freigesetzt, darunter Kohlenstoffdioxid, das zum Treibhauseffekt beiträgt. Z. T. entstehen auch Schwefelverbindungen, die – sofern sie nicht durch aufwändige Filtereinrichtungen entfernt werden – als Saurer Regen den Boden und die Vegetation belasten. Außerdem bilden sich Stickoxide und Staub. Zudem arbeiten Kraftwerke bei der Stromerzeugung nur mit einem (maximalen) Wirkungsgrad von 40 %, d. h. 60 % der eingesetzten Primärenergie gehen als Abwärme „verloren".

Die Umweltbilanz ändert sich, wenn im stromerzeugenden Kraftwerk die Abwärme für Heizzwecke genutzt wird (Kraft-Wärme-Kopplung); damit steigt der Grad der Nutzung der Primärenergie deutlich. Auf der anderen Seite lässt sich die Bilanz für den Dieselbus verbessern, wenn er mit einem modernen Motor und einem effektiven Katalysator fährt.

- Überlege dir eine geeignete grafische Darstellung für das System Elektrobus/Dieselbus.
- Wie lassen sich die Wirkungen und Wechselwirkungen innerhalb des Systems sinnvoll darstellen?

Systeme als Teile des Ganzen

Wie man sieht, ist es oft notwendig, Phänomene, Situationen oder Fakten nicht isoliert zu betrachten, sondern nach dem **System** zu fragen, in welches sie eingebettet sind. Ein System besteht dabei immer aus verschiedenen „Objekten" samt ihrer Wechselwirkungen. Die so genannten Parameter werden durch eine plausible Abgrenzung von ihrer Umgebung zu einer Gesamtheit zusammengefasst. Wissenschaftler unterscheiden verschiedene Klassen von Systemen: offene Systeme (z. B. ein Aquarium, aus dem Wasser verdunstet) und abgeschlossene Systeme (z. B. ein Aquarium mit Deckel, dem weder Energie noch Mineralstoffe zugeführt werden), dynamische Systeme (z. B. die Bevölkerung einer Stadt) und statische Systeme (z. B. ein Gebäude) usw.

- Auf welches System bezieht sich die folgende Slogan, der 1975 vom Bund für Umwelt- und Naturschutz Deutschland (BUND) verbreitet wurde:
„Man kann nichts fortwerfen – es gibt kein ‚fort'."

Bei der Betrachtung von Systemen muss man berücksichtigen, dass ein und dasselbe Phänomen aus unterschiedlichen Blickwinkeln bewertet werden kann. Der Löwenzahn z. B., eine verbreitete Wiesenpflanze, erfreut als Pusteblume schon kleine Kinder. Für so manchen Hobbygärtner gilt der Löwenzahn dagegen als Unkraut, das sich rasant ausbreitet und aufgrund seiner tiefen Pfahlwurzeln nur mit einem speziellen Instrument, dem Löwenzahnstecher, entfernt werden kann. Für den Ökologen wiederum ist der Löwenzahn ein Wildkraut, das als „Bienenweide" und als Stickstoffzeiger gilt. Es hängt also vom jeweiligen System ab, innerhalb dessen man die Pflanze betrachtet, welche Bedeutung man ihr zuschreibt: Im einen System hat sie positive Eigenschaften, im anderen negative.

Finde heraus, auf welchen Zusammenhängen die Perspektivwechsel in den folgenden Systemen beruhen:

- Curare wird von Indios als tödliches Pfeilgift verwendet, in der Medizin setzt man die Substanz als Muskelrelaxans bei Krampfanfällen ein.
- „Die Menge macht das Gift – Dosis facit venenium." (Paracelsus; 1493–1541)
- Sonnenschutzmittel schützen menschliche Haut vor UV-Strahlung, in der Hautheilkunde wird künstliches UV-Licht zur Behandlung von Neurodermitis und entzündlicher Akne eingesetzt.

Um Veränderungen in einem komplexen System zu erklären, muss man es Schritt für Schritt analysieren. Als erstes geht es darum, die Komponenten des Systems möglichst genau zu erfassen und zu beschreiben. Daraus wird dann eine eine Art gedankliches Modell der realen Vorgänge entwickelt.

Wie eine solche Analyse vonstatten geht, kann man sich anhand des so genannten **Blue-Bottle-Experiments** verdeutlichen: Bei diesem chemischen Experiment ändert sich auf verblüffende Weise die Farbe einer Flüssigkeit: Schüttelt man die Lösung, wird sie rasch blau. Lässt man sie ruhig stehen, entfärbt sie sich langsam.

Die Systemanalyse (vgl. S. 84) ergibt, dass das Schütteln die flüssige und die gasförmige Phase in dem Gefäß intensiv miteinander in Berührung bringt. In erster Linie wird die Kontaktfläche zwischen den beiden Phasen vergrößert – wie bei einem Rührwerk, das Luft in die Becken einer Kläranlage einträgt. Auf diese Weise kommt Sauerstoff aus der gasförmigen Phase mit dem in der Flüssigkeit enthaltenen Farbstoff Methylenblau in Kontakt. Lässt man den Ansatz stehen, reduziert ein ebenfalls enthaltener Zucker, die Glukose, das Methylenblau zu einer farblosen Verbindung. Wird die Mischung geschüttelt, findet eine Oxidationsreaktion statt, die die Lösung wieder färbt.

Welche Bewertung etwas erfährt, hängt vom System, d. h. der Perspektive ab, unter der man es betrachtet: Löwenzahn z. B. wird von Kindern geliebt, von Hobbygärtnern dagegen oft als Unkraut geschmäht.

Rezeptur für das Blue-Bottle-Experiment:

200 mL	Wasser
20 g	Glukose
2,5 g	NaOH (fest)
25 mg	Methylenblau

A Auf den Spuren eines Systems: das Blue-Bottle-Experiment

Das Experiment wird im Internet unter http://genchem.chem.wisc.edu/demonstrations/Gen_Chem_Pages/22organicpage/the_blue-bottle_experiment.htm in einem kurzen Film demonstriert.

Ein Erlenmeyerkolben mit Stopfen wird zur Hälfte mit einer tiefblauen Flüssigkeit gefüllt. Lässt man das Gefäß ruhig stehen, dann entfärbt sich die Flüssigkeit innerhalb von wenigen Minuten. Schüttelt man den Standzylinder kräftig, färbt sich die Flüssigkeit wieder tiefblau. Entfärbung und Färbung der Flüssigkeit lassen sich (fast) beliebig oft wiederholen.

In einem ersten Schritt lässt sich das System wie folgt beschreiben (**1**):

- Es ist nach außen geschlossen.
- Es besteht aus einer flüssigen Phase und einem Gasraum.
- Die Flüssigkeit existiert in zwei verschiedenen Zuständen: blau und farblos.
- Stehenlassen führt zur Entfärbung; Schütteln führt zur Blaufärbung.

1

$$\text{blau} \underset{\text{Schütteln}}{\overset{\text{Stehenlassen}}{\rightleftharpoons}} \text{farblos}$$

Die zentrale Frage lautet: Was passiert beim Schütteln? Handelt es sich um einen physikalischen Effekt oder um eine chemische Reaktion?
Für eine chemische Reaktion spricht die Beobachtung, dass an der Grenzfläche zwischen Flüssigkeit und Gasraum stets eine bläuliche Färbung auftritt, auch wenn man das System lange ruhen lässt. Das deutet auf einen fortwährenden Stoffaustausch an der Grenzfläche hin.

- Welchen Effekt hätte das „Schütteln", wenn tatsächlich chemische Reaktionen stattfänden?
- Wie verändert sich dabei die Grenzfläche zwischen den beiden Phasen?
- Wo gibt es in der Natur und in der Technik Systeme, in denen große Grenzflächen zwischen verschiedenen Phasen eine wichtige Rolle spielen (z. B in Lebewesen oder bei Autos)?

Durch das Schütteln findet ein intensiver Kontakt zwischen Flüssigkeit und Gas statt. Die Bestandteile des Gases lösen sich in der Flüssigkeit. Umgekehrt könnten auch Stoffe aus der Flüssigkeit „ausgasen". Allerdings ist nicht zu beobachten, dass sich Gasbläschen bilden.

Um die Beschreibung des Systems zu vervollständigen und ein Modell zu bilden, ist es wichtig herauszufinden, um welches Gas es sich handelt. Solange man die Komponenten nicht direkt analysieren kann, muss man sinnvolle Annahmen machen.
Geht man davon aus, dass es sich bei dem Gas um Luft handelt, lässt sich die Hypothese folgendermaßen überprüfen: Man zieht den Stopfen heraus, lässt das offene Gefäß eine Weile stehen, verschließt es dann wieder und kontrolliert, ob das Schütteln jetzt dieselbe Wirkung hat wie zuvor. Diese Überprüfung fällt positiv aus.

Luft ist ein Gasgemisch, das in erster Linie aus Stickstoff und Sauerstoff besteht. Alle anderen Komponenten kommen für eine chemische Reaktion, die die Färbung bewirkt, nicht in Frage, weil sie nur in sehr geringer Konzentration in der Luft vorhanden sind. Sie wären bereits nach ein- oder zweimaligem Schütteln „aufgebraucht". Stickstoff ist unter normalen Bedingungen inert, d. h. die Stickstoff-Moleküle reagieren nicht mit anderen Stoffen. Als möglicher Reaktionspartner bleibt also nur der Luftsauerstoff (**2**).

2

Stehen lassen

blau ⇄ **farblos**

Schütteln

➲ Luft löst sich in der Flüssigkeit und in der Flüssigkeit reagiert ‚etwas' mit dem Luftsauerstoff

Reaktionen mit Sauerstoff sind in der Regel Oxidationsreaktionen. Da es sich bei der Färbung/Entfärbung offensichtlich um eine reversible Reaktion handelt, muss die Rückreaktion demnach eine Reduktionsreaktion sein (**3**).

3

Reduktion durch ??? beim **Stehen lassen**

blau ⇄ **farblos**

Oxidation durch Luftsauerstoff beim **Schütteln**

Damit eine Reduktion stattfinden kann, muss in der Flüssigkeitsphase ein Reduktionsmittel enthalten sein, das langsam eine Entfärbung der Lösung bewirkt. Das Reduktionsmittel muss außerdem so schwach sein, dass es nicht spontan mit dem Luftsauerstoff reagiert und dabei bereits vor der Entfärbung der Lösung verbraucht wird. Typische schwache Reduktionsmittel sind z. B. Zucker oder Alkohole. Mit diesen Informationen lässt sich das Blue-Bottle-Experiment jetzt als relativ vollständiges System beschreiben (**4**).

4

Stehen lassen

➲ Reduktion des Farbstoffs durch Zucker

blau ⇄ **farblos**

Schütteln

➲ Oxidation des entfärbten Farbstoffs durch Luftsauerstoff

Welcher Farbstoff in der Flüssigkeit gelöst ist, kann ohne chemische Analyse nicht festgestellt werden. Jedoch kann man sich Informationen aus Fachbüchern beschaffen und zumindest einige Vermutungen ausschließen:

> *„Ein bekanntes Beispiel für einen Farbstoff, der reversibel oxidiert und reduziert werden kann, ist das Indigo (Jeansblau). Bei Einwirkung von Sulfit wird das blaue Indigo zum farblosen (und löslichen) Leukoindigo reduziert, das auf den zu färbenden Stoff aufzieht. Holt man den so behandelten Stoff aus dem Färbebad, dann färbt sich der Stoff an der Luft blau: Es bildet sich das (unlösliche) Indigo-Pigment zurück."*

- ➲ Weshalb kommt Indigo als Farbstoff im Blue-Bottle-System trotz allem nicht in Betracht? (Denke an die Löslichkeiten!)
- ➲ Warum kann das Blue-Bottle-Experiment nur „fast" beliebig oft wiederholt werden? Was sagt das entwickelte Modell darüber aus, ob und wann Stoffe „verbraucht" werden?
- ➲ Wenn sich die Farbwechselfähigkeit des Blue-Bottle-Systems tatsächlich mit der Zeit erschöpft, wie könnte das System dann wieder „aufgefrischt" werden?

THE

LONDON, EDINBURGH, AND DUBLIN

PHILOSOPHICAL MAGAZINE

AND

JOURNAL OF SCIENE

[FIFTH SERIES]

APRIL 1896

On the Influence of Carbonic Acid in the Air upon the Temprerature of the Ground. By Prof. SVANTE ARRHENIUS.

I. *Introduction*

A great deal has been written on the influence of the absorption of the atmosphere upon the climate. (...) Another side of the question, that has long attracted the attention of physicists, is this: Is the mean temperature of the ground in any way influenced be the presence of heat-absorbing gases in the atmosphere? (...) The atmosphere acts like the glass of a hothouse, because it lets through the light rays of the sun but retains the dark rays from the ground. (...)

The selective absorption of the atmosphere is (...) not exerted by the chief mass of the air, but in a high degree by aqueous vapour and carbonic acid, which are present in the air in small quantities. Further, this absorption is not continuous over the whole spectrum, but (...) chiefly limited to the long-waved part. (...) The influence of this absorption is comparatively small on the heat of the sun, but must be of great importance in the transmission of rays from the earth. (...)

Geological Consequences

(...) A simple calculation shows that the temperature in the arctic regions would rise about 8° to 9° C, if the carbonic acid increased to 2,5 or 3 times its present value. (...)

A Der Treibhauseffekt – ein Modell für globale Veränderungen

Dass die CO_2-Konzentration in der Luft einen Einfluss auf die Atmosphäre und den Wärmehaushalt der Erde hat, ist bereits seit dem Ende des 19. Jahrhunderts bekannt. 1896 beschrieb der schwedische Chemiker und Naturforscher Svante August Arrhenius (1859–1927) im „Journal of Science" den „Einfluss der Kohlensäure in der Luft auf die Temperatur in Bodennähe". Er kam dabei zu dem Schluss, dass eine 2,5 bis 3-fache Erhöhung der CO_2-Konzentration in der Arktis eine Erwärmung um 8 bis 9 °C bewirken würde.

Wie aus seinem Artikel zu entnehmen ist, benutzte Arrhenius bereits damals den Vergleich mit einem ‚hothouse' und prägte damit den Begriff ‚Treibhauseffekt'.

- Welche Vorstellungen verbinden sich mit einem „Treibhaus"?
- Wie funktioniert ein Treibhaus?

Die von Arrhenius dargestellten Zusammenhänge lassen sich mit einfachen Experimenten nachvollziehen. Stellt man ein offenes und ein geschlossenes Glasgefäß in die Sonne und kontrolliert die Temperatur, so lässt sich der „Treibhaus-Effekt" leicht beobachten. Durch den behinderten Luftaustausch kommt es zu einem deutlichen Temperaturunterschied zwischen beiden Gefäßen.

Auch die Treibhauswirkung von Kohlenstoffdioxid lässt sich leicht zeigen: Füllt man zwei identische Glasgefäße einmal mit Luft, zum anderen mit CO_2 und bestrahlt sie mit einer Infrarotlampe, dann kommt es zu einer deutlich schnelleren Erwärmung des Gefäßes, das CO_2 enthält.

Entwickle eine Versuchsanordnung, mit der du die Temperaturveränderungen im Modell-Treibhaus quantitativ verfolgen kannst.

- Stelle eine Vorschrift zur Versuchsdurchführung auf. Welche Randbedingungen sind zu beachten?
- Wodurch kommt die Erhöhung der CO_2-Konzentration in der Atmosphäre überhaupt zustande? Welches sind die wichtigsten Emissionsquellen?

Der von Arrhenius festgestellte Zusammenhang lässt sich als Modell wie folgt darstellen:

Konzentration des CO_2 in der Atmospähre —+→ **Temperatur der Luftschichten in Bodennähe**

In Worten ausdrückt liest sich diese Beziehung so:

Eine Erhöhung der CO_2-Konzentration in der Atmosphäre führt zu einer Erwärmung der Luftschichten in Bodennähe.

Der Pfeil mit dem +-Zeichen bedeutet „hat verstärkenden Einfluss auf".

Dass sich die CO_2-Konzentration der Atmosphäre tatsächlich verändert hat, zeigen Untersuchungen aus der Arktis: Wissenschaftler stellten fest, wie viel CO_2 in Eis aus unterschiedlicher Tiefe enthalten ist, z. B. in eingeschlossenen Luftblasen oder im Eis „gelöst". Die CO_2-Befunde aus dem Eis (**1**) wurden ergänzt durch direkte Messungen der CO_2-Konzentration in der Luft (**2**), die u. a. seit 1958 auf Hawaii durchgeführt wurden, sowie durch Berechnungen der Weltmitteltemperaturen (**3**).

- Welcher Zusammenhang besteht zwischen der Tiefe, aus der eine Eisprobe entnommen wird und dem Alter dieser Probe?
- Wie hängen die regelmäßigen „Zacken" in der Grafik der CO_2-Konzentration in der Luft mit der Vegetationsperiode zusammen? Wie würde die Grafik aussehen, wenn die Messstation auf der Südhalbkugel läge?

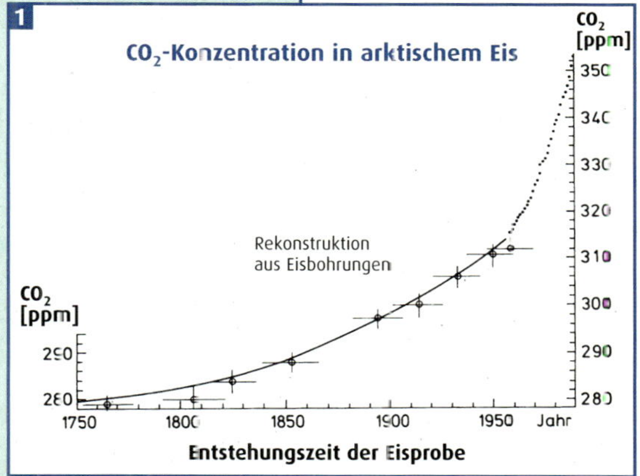

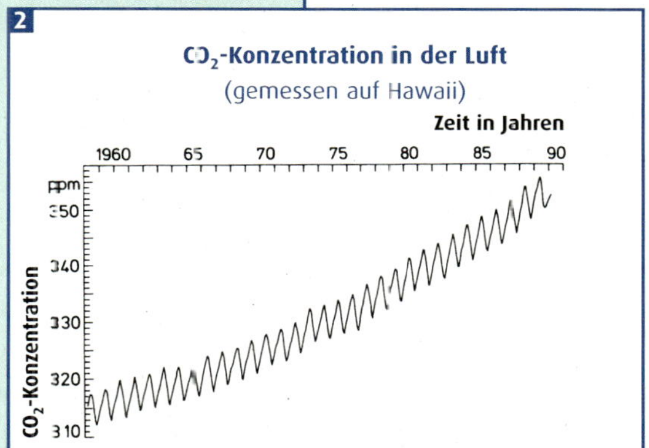

Dass sich die Weltmitteltemperatur tatsächlich langfristig erhöht, wurde 1990 von einigen Forschern noch bezweifelt. Sie verwiesen auf mittel- und langfristige Klimaschwankungen und bezogen sich u. a. auf Grafiken, die Anomalien der Lufttemperatur auswerten (**4**).

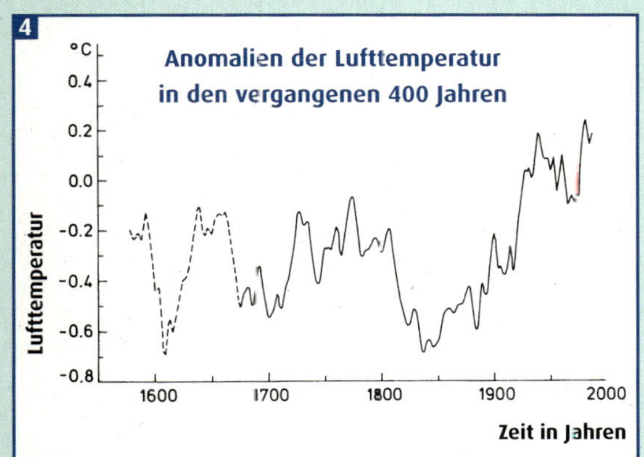

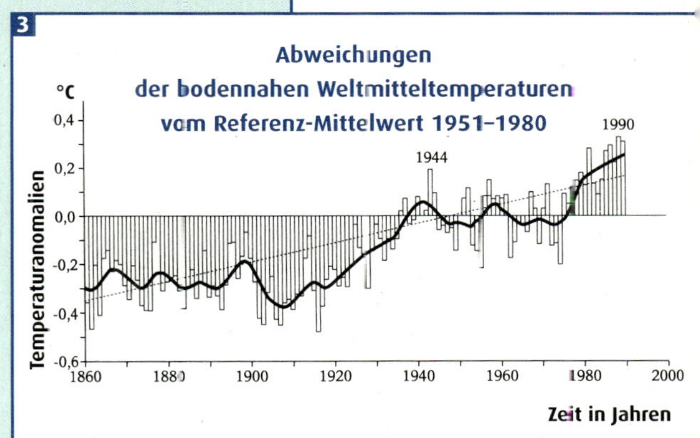

- Wie könnten die Kritiker der Treibhaustheorie argumentiert haben?

Beschreibungsmodelle veranschaulichen Abläufe innerhalb eines Systems.

Erklärungsmodelle machen Abläufe innerhalb eines Systems verständlich und begründbar.

Entscheidungsmodelle helfen bei der Vorhersage zukünftiger Entwicklungen des Systems und liefern Grundlagen für notwendige Entscheidungen.

Modelle als Ausschnitte der Realität

Nicht alle Systeme lassen sich so einfach beschreiben und analysieren wie das Blue-Bottle-Experiment. Betrachtet man z. B. die Auswirkungen menschlichen Tuns auf die Umwelt, dann wird schnell klar, dass sich hier weder alle Komponenten und noch deren Wechselwirkungen vollständig erfassen lassen. Zudem sind Umweltsysteme in der Regel offen und nicht abgeschlossen wie ein System, das im Labor hergestellt wird.

Will man sich trotzdem ein Bild von den Systemzusammenhängen machen, dann entwirft man ein abstraktes Modell (im Gegensatz zu einem gegenständlichen Modell wie z. B. einem Modellflugzeug). Bei der Modellentwicklung reduziert man das zu untersuchende komplexe System auf seine (vermutlich) wesentlichen oder auch einfach auf die am besten fassbaren Parameter und Wechselwirkungen.

Für ein rein qualitatives Modell genügt es zu erfassen, welche Einflussgrößen aufeinander einwirken. Um die Dynamik zu beschreiben, werden wechselwirkende Systeme hingegen mathematisch beschrieben – in der Regel durch einen Satz von Differenzialgleichungen, die man annäherungsweise Schritt für Schritt berechnen muss. Die Rechenschritte übernehmen heutzutage Computerprogramme, die ihre Resultate als Graphen oder Tabellen ausgeben. Unabhängig davon, ob man qualitativ oder quantitativ modelliert, ist es wichtig, sich vor Augen zu halten, dass das resultierende Modell immer nur einen Ausschnitt der Realität beschreibt.

Will man wissen, wie sich ein System in der Zukunft entwickelt oder was passiert, wenn man den einen oder anderen Parameter verändert, kann man mit dem Modell eine Simulation durchführen. Dabei „experimentiert" man quasi innerhalb der Modellebene. Vergleicht man dann die Modellvorhersagen mit der Realität – sofern dies möglich ist –, wird man feststellen, dass Simulationen nie frei von Fehlern sind. Trifft die Modellvorhersage nicht oder nur zum Teil zu, kann man die Unstimmigkeiten aber zum Anlass nehmen, das Modell zu verfeinern und zu verbessern, z. B. indem man weitere Einflussfaktoren erforscht und sie einbindet oder die Wechselwirkungen neu beschreibt. Ein Beispiel für die fortwährende Veränderung von Modellen ist der Versuch, Vorhersagen zum Treibhauseffekt zu erstellen (vgl. S. 86).

Aus historischen Daten und Messergebnissen zur CO_2-Konzentration und der Lufttemperatur, die an verschiedenen Stellen der Erde gewonnen worden sind, wurden erste Klimamodelle entwickelt. Sie sollten dazu dienen, künftige Veränderungen des Klimas und mögliche Auswirkungen vorherzusagen. Aus den Modellen wurde unter anderem abgeleitet,

Modellschätzungen zum weltweiten Temperaturanstieg (links)

Modellschätzungen zum Anstieg der Meeresspiegel (rechts)

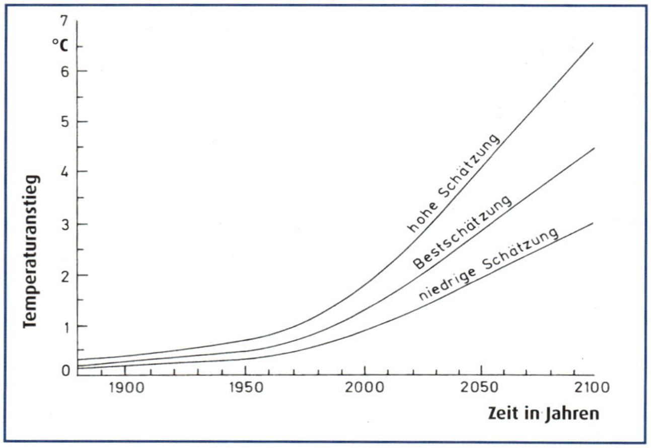

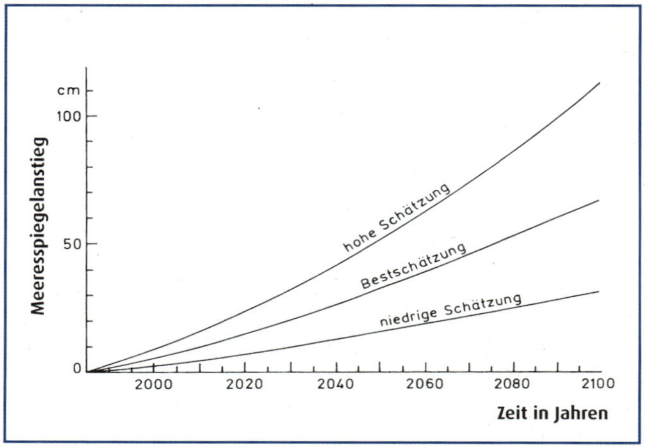

wie sich durch das Abschmelzen der Polkappen der Meeresspiegel erhöhen könnte. Je nach Modellvoraussetzungen kamen die Berechnungen zu sehr unterschiedlichen Ergebnissen. Die meisten Modelle prognostizierten jedoch sowohl einen Anstieg der durchschnittlichen Lufttemperatur als auch einen Meeresspiegelanstieg (vgl. Abb. S. 88).

Die Größe der vorausgesagten Effekte wird heute von verschiedener Seite bezweifelt. Zum einen wird auf den Einfluss der Ozeane verwiesen: Man schätzt, dass etwa die Hälfte des Jahr für Jahr emittierten CO_2 vom Wasser der Weltmeere absorbiert wird und daher bei den Berechnungen abgezogen werden muss. Zum anderen wurde darauf hingewiesen, dass bei einer erhöhten Temperatur der Atmosphäre auch mehr Wasser verdunstet und dass sich durch die vermehrten Niederschläge an den Polen womöglich mehr Eis bildet, als abschmilzt.

Mit diesen neuen Einflussfaktoren muss das einfache Modell für die Beziehungen zwischen CO_2-Konzentration und Temperaturentwicklung wie folgt erweitert werden (s. Abb. unten).

Für die abschwächende Wirkung der Weltmeere auf den Treibhauseffekt gibt es ein weiteres Argument: Die Ozeane nehmen nämlich nicht nur CO_2, sondern auch einen Teil der zusätzlichen Wärme auf. Unklar ist allerdings, wie sich die veränderte Wassertemperatur auf das Leben im Meer und die Meeresströmungen auswirken könnte.

Inzwischen wurden die Modelle für den globalen Treibhauseffekt weiter verfeinert. Nicht zuletzt wurde berücksichtigt, dass neben dem CO_2 eine Anzahl weiterer Spurengase aus menschlichen Aktivitäten zum Temperaturanstieg in der Atmosphäre beitragen. Trotz allem sind die Abschätzungen der Folgen des Treibhauseffektes immer noch ziemlich ungenau – vor allem wegen Unsicherheiten bei der Bewertung von Wechselwirkungen verschiedener Faktoren. Den Effekt der globalen Erwärmung und seine anthropogene Herkunft bezweifelt allerdings kaum jemand mehr.

Ein Forscher wies darauf hin, dass bei erhöhter Wassertemperatur auch die Algen schneller wachsen und dabei CO_2 aus der Atmosphäre binden. Wenn sie absterben und auf den Meeresboden absinken, wird damit ein Anteil des Kohlenstoffs aus dem CO_2-Kreislauf entfernt. Er schlug vor, die Weltmeere mit Eisensalzen zu „düngen", weil die Eisenkonzentration der begrenzende Faktor für das Algenwachstum sei. Kritiker dieses Vorschlags befürchteten eine Eutrophierung der oberen Wasserschichten. Wie könnte ihre Argumentation lauten?

Dass Wasser umso weniger CO_2 (und andere Gase) lösen kann, je wärmer es ist, zeigt ein einfacher Versuch:

Eine Brausetablette (z. B. eine Vitamintablette) wird unter die Öffnung eines wassergefüllten Standzylinders in einer Pneumatischen Wanne gebracht; einmal benutzt man möglichst warmes Wasser, im anderen Fall möglichst kaltes.

Bei diesem Versuch überlagern sich zwei Effekte: Warmes Wasser kann weniger CO_2 lösen, UND in warmem Wasser laufen der Zerfall der Tablette und die Gasbildung schneller ab.

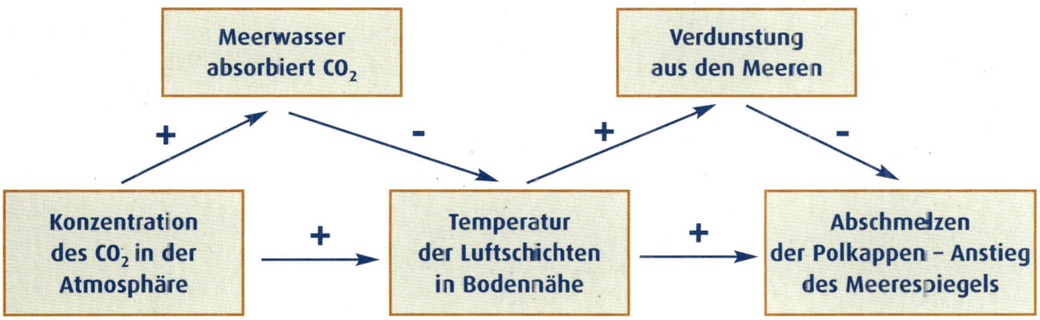

Die Modellierung von Systemen

- Ein System besteht aus mehreren Teilen, die miteinander vernetzt sind. Fügt man zu einem System eine Komponente hinzu oder entfernt etwas, dann ändert sich der gesamte Charakter des Systems.
- Systeme sind im Idealfall nach außen abgeschlossen; diese Vorstellung ermöglicht es, ein System und seine innere Struktur zu analysieren und zu beschreiben.
- Gelingt es, einen Teil der realen Welt als System zu beschreiben, erhält man ein Modell für die Beziehung zwischen seinen Elementen. Mithilfe des Modells kann man vorhersagen, was passiert, wenn sich ein oder mehrere Elemente in dem System verändern. So können auch komplexe Auswirkungen erfasst sowie Maßnahmen diskutiert werden, die zu einem gewünschten Zustand führen sollen.
- Reale Systeme stehen in Wechselwirkung mit ihrer Umgebung. Sie können daher den jeweiligen Ausschnitt der Wirklichkeit und die Beziehungen zwischen den Elementen des Systems nur bedingt wiedergeben.

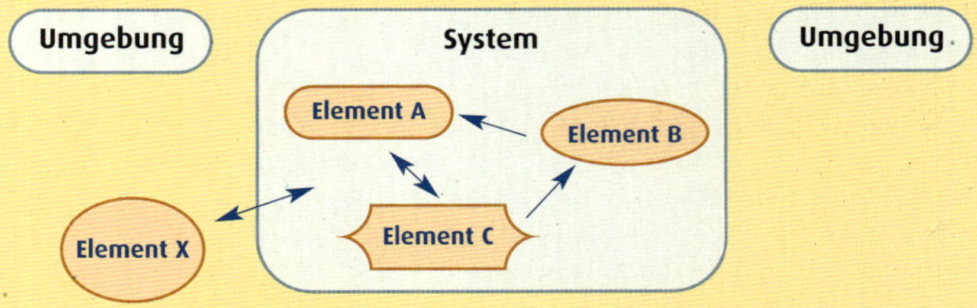

Die Modellierung eines Systems erfolgt in mehreren Schritten:

- Als erstes beschreibt man die **Ausgangssituation** und formuliert die **Frage**, die mithilfe der Systemmodellierung beantwortet werden soll.
- Dann isoliert und beschreibt man alle bekannten **Elemente des Systems** und wie sie miteinander in Wechselbeziehung stehen. Man benennt die wesentlichen Größen und sucht nach gleichsinnigen und gegensinnigen **Wirkungen**.
- Eine **graphische Darstellung** der Größen und ihrer Wechselwirkungen veranschaulicht das System. Jetzt kann die Beschreibung weiter ausdifferenziert werden und man kann gezielt nach fehlenden bzw. noch nicht erkannten Elementen suchen.
- Wird ein System mathematisch beschrieben, kann es für **Computer-Simulationen** benutzt werden. Man kann dann einen Ausgangszustand und bestimmte Einflüsse (= Szenarien) wählen und berechnen lassen, wie sich das System unter diesen Bedingungen verändert.
- Die **Vorhersagen** des Modellsystems werden mit der Realität verglichen. Abweichungen zwischen Vorhersage und realer Veränderung führen oft zu einer Veränderung und / oder Verfeinerung des Modells.
- Mithilfe von Modellsystemen, die gut an die Wirklichkeit angepasst sind, können die **Folgen** von Eingriffen beurteilt und Gegenmaßnahmen vorgeschlagen werden.

Stichwortregister

Personenregister

Bildnachweis

Fotos:

S. 22 *Rosa canina*; Blüte: F. Zacharias; Früchte: F. Rüther
S. 28 Maßband u. Schublehre: A. Meyhöfer; Weitsprung: dpa
S. 29 Thermographie Hand: R. Meyhöfer
S. 33 Elektrolyse: Klett Verlag, Stuttgart
S. 36 Sand- und Wasseruhr: Staatliches Museum, Kassel; Kerzenuhr: A. Meyhöfer
S. 36 Präparierhilfe: A. Meyhöfer
S. 40 Schneidegerät: A. Meyhöfer
S. 41 Taubnessel: W. Steigner (aus UB 129, 1987, S. 26)
S. 42 Elektronenmikroskop: dpa
S. 43 Kernspintomograph: dpa
S. 44 Stabmagnet u. Eisenfeilspäne: L. Stäudel
S. 45 Kompassnadel: L. Stäudel
S. 46 Feuerwerk: creativ collection
S. 48 Geigerzähler: dpa
S. 54/55 Versuchsaufbauten zur Massenerhaltung: L. Stäudel
S. 64 Vogel-Beringung: G. Nottbohm
S. 72 Bakterienwachstum: H. Wennicke
S. 74 Eiweiß-Denaturierung: A. Meyhöfer
S. 77 Turm von Pisa: C. Wenzel
S. 78 Wilson-Nebelkammer: Deutsches Museum, München
S. 78 Beta-Strahlen: Deutsches Museum, München
S. 83 Löwenzahn: F. Zacharias

Cartoons:
Roland Bühs, Bremen